KB192855

논·술·한·국·대·표·문·학

42

괘도기·남매

한설야 | 김남천 | 조명희

농촌 사람들 외

H 훈민출판사

조명희의 가족 사진. 조명희는 일제의 탄압으로 소련으로 망명해 살다가, 스탈린의 탄압 정책의 와중에서 일제의 간첩이란 누명을 쓰고 총살당했다.

The Best Korean Literature

한설야. 계급사상에 투철한 작품을 많이 쓴 작가로서, 농촌의 몰락으로 농민이 도시의 노동자가 되어 가는 과정과, 노동자들의 고통스런 삶의 여정을 다룬 작품을 많이 썼다.

한설야의 〈강아지〉는 강아지로 인해 겪는 가족들의 사소한 갈등과, 가난한 가운데서도 행복감을 느끼는 작가의 마음이 잘 표현되어 있다.

조명희의 〈농촌 사람들〉은 일제 시대 농촌 사람들이 겪는 생활고와 일본인에게 붙어 소작인들을 착취하는 김 참봉, 그리고 그 안에서 철저하게 파괴되어 가는 원보의 비극적 삶을 그린 작품이다.

조명희 생가터. 조명희의 탄생 100주년을 기념하여 충북문인협회가 세운 기념비다. (충북 진천군 백곡면 소재)

조명희. 조명희는 일관되게 일제에 저항하는 작품을 썼으며, 카프에 가담하여 마르크스주의를 공부하기도 했다. 사회운동가 박성운의 파란만장한 일생을 그린 〈낙동강〉은 당시 카프의 대표적인 작품으로 꼽혔다.

옛 평안남도 도청. 김남천은 평안남도 성천에서 태어나 프로 문학의 이론가 및 작가로 활약하다가 월북하여 북한에서 활동하였다.

한설야의 〈유전〉에서 명준은 정식의 애인 혜선을 보현암이라는 절에 데려다 주며, 혜선에게 끌리는 자신의 마음을 애써 감춘다.

The Best Korean Literature

옛날 함흥 시가의 모습. 한설야는 함경남도 함흥에서 태어났으며, 광복 직후 월북하여 북한 문단에서 활동하였다.

구인환(丘仁煥)

서울대학교 사범대학 졸업. 동 대학원 졸업(문학박사)
서울대학교 명예교수, 소설가(현). 서울대학교 사범대학 국어교육연구소 소장(현)
문학과문학교육연구소 소장(현). 국제펜 한국본부 부회장(현)
한국소설문학상(1987) 예술문화대상(1994) 한국문학상(2000)
작품 〈숨쉬는 영정〉, 〈살아 있는 날들〉, 〈일어서는 산〉 외 다수

- **저서** ≪한국단편소설의 이해≫, ≪한국현대소설의 비평적 성찰≫,
  ≪고교생이 알아야 할 소설≫, ≪고교생이 알아야 할 세계단편소설≫ 외 다수

윤병로(尹柄魯)

성균관대학교 국어국문학과 졸업. 동 대학원 졸업(문학박사)
성균관대학교 교수, 문학평론가(현). 한국현대소설학회장(현)
한국문예학술저작권협회 이사(현). 한국간행물윤리위원회 위원(현)
한국펜 문학상(1987). 한국문학상(1988). 대한민국문학상(1989)
수필집 ≪나의 작은 애인들≫

- **저서** ≪현대 작가론≫, ≪한국 현대 소설의 탐구≫,
  ≪한국 근대 작가 작품 연구≫, ≪한국 현대작가의 문제작 평설≫ 외 다수

홍성암(洪性岩)

고려대학교 국어국문학과 졸업. 한양대학교 대학원 국어국문학과 졸업(문학박사)
동덕여자대학교 교수, 소설가(현). 한국문인협회 회원(현)
한국소설가협회 이사(현). 국제펜 한국본부 소설분과 이사(현). 한민족 문화학회 회장(현)
창작집 ≪큰 물로 가는 큰 고기≫, ≪어떤 귀향≫ 외
대하역사소설 ≪남한산성≫(전9권) 외 다수

- **저서** ≪문학의 이해≫, ≪현대 작가론≫, ≪한국 근대 역사소설 연구≫ 외 다수

기
획
·
감
수

김남천의 〈남매〉는 순수함을 지키려는 인물과 성욕, 물욕에 빠진 인물들의 갈등을 어린 소년 봉근의 시각을 통하여 나타냄으로써 타락한 현실에 대한 고발을 극대화한 작품이다.

# 논술 한국대표문학을 펴내며

　21세기의 사회는 '전자 문명 시대'라 일컬어질 만큼 오늘날 전자 산업은 우리 생활의 거의 모든 분야에 다양하게 응용되고 있습니다. 출판 분야 또한 예외는 아니어서, 종래의 서책(Book) 대신에 이른바 '전자책(CD-ROM)'의 출간이 최근 들어 날로 증가하고 있습니다.

　그러나 이러한 전자책은 영상 또는 모니터상으로 흥미 위주나 백과사전식 지식을 습득하는 데는 효과적일지 모르지만, 문학 공부를 위해서는 별로 도움이 되지 않습니다. 바꾸어 말하면, 문학 공부는 각 지면마다 살아 숨쉬는 표현 하나하나를 독자 자신의 머리로 음미하면서 작품을 읽어 나가는 가운데, 풍부한 상상력의 배양과 함께 작가의 의도와 그 작품의 내면을 깊이 있게 이해함으로써 이루어지는 것입니다.

　이에 훈민출판사에서는, 자라나는 학생들이 범람하는 영상 매체에 길들여지기 전에, 어려서부터 유명한 세계문학 작품들을 책자를 통하여 감명 깊게 읽고 감상함으로써, 올바른 문학 공부의 기틀을 다지고, 아울러 전인 교육도 할 수 있도록 《논술 한국대표문학(전60권)》을 펴내게 되었습니다.

　작품 선정은, 초·중·고등학교 국어 교과서와 역사 교과서에 실리거나 소개된 문학 작품을 중심으로 하되, 그리스 신화와 성경 이야기 등의 고전에서부터 중세·근대·현대에 이르기까지 세르반테스·셰익스피어·톨스토이 등 세계 유명 작가들의 장·단편 소설들을 엄선·수록하였습니다. 또 세계의 명시도 별권으로 엮었으며, 특히 각 단락마다 '논술 문제'를 제시하여, 장차 대학입시를 비롯한 각종 '논술 고사'에 예비 지식을 쌓을 수 있도록 배려하였습니다. 아무쪼록, 이 《논술 한국대표문학(전60권)》이 자라나는 학생들에게 문학 공부의 주춧돌이 되고, 나아가 미래를 살아가는 데 정신적 자양분이 되기를 진심으로 바라 마지않습니다.

　　　　　훈민출판사

차례

한설야

과도기

유 전

강아지

지은이

1900~1962년. 본명은 병도. 함경남도 함흥 출생. 1925년 《조선문단》에 이광수의 추천을 받은 소설 〈그날 밤〉을 발표하면서 문단에 등장했다. 1927년 카프에 가입했으며, 작품 활동에 있어서도 계급사상에 투철한 작품을 썼다. 농촌의 몰락과 공업 도시의 발흥에 필연적으로 따르는 농민의 노동자화 과정을 그린 〈과도기〉를 비롯해, 〈황혼〉, 〈강아지〉 등의 작품을 발표했다.

과 도 기
──새 벽──

1

창선이는 사 년만에 옛땅으로 돌아왔다. 돌아왔다니보다 몰려왔다. 되놈의 등쌀에 간도에서도 살 수 없게 된 때에 한낱 광명과 같이 생각켜지고 두덥허 놓고 발끝이 향하여진 곳은 예 사든 이 땅이었다.

그러나 두만강 어름을 타고 이 땅에 밟아들어 보아도 제서 생각든 바와는 아조 딴판이다 '밭 하루 가리 논 두어 마지기 살 돈만 벌었으면 흥타령을 부르며 고향으로 가겠는데.' 이렇게 생각든 터인데 막상 돌아와 보니 자기를 반겨 맞이는 곳이라고는 없었다. '고국 산천이 그립다. 죽어도 돌아가 보리라.' 하든 생각은 점점 엷어졌다. 그리고 옛마을 뒷고개에 올라선 때에는 두군두군한 새로운 생각까지 났다.

'무슨 낯으로 가족들과 동릿사람을 대할까! 갯똥밭 하루 가리 살 밑천이 없이.'

'후─' 길게 숨을 도았다. 그래도 가슴은 막막할 뿐이다. 그는 하염없이 턱 서며 꾸동처 지었던 가장즙물(집안의 온간 세간)을 내려놓았다. 한숨 쉬여 가지고 좀 가뿐한 걸음으로 반가운 고향을 찾을 차였다.

"여보, 그 어린애 좀 내려놓고 한숨 디려 가우."

"잠이 들었는데……색기두 또 오줌을 쌌구나. 에그, 척척해."

아낙은 '달마' 같이 보고지를 한 어린 것을 등에서 내려놓았다. 오줌에 젖은 그의 등에서는 김이 누엇누엇 일어났다.

"여보! 이거 영 딴판이 됐구려!"

그는 흘깃 아낙을 보며 눈이 둥그레졌다. 고향은 알아볼 수가 없게 변하였다. 변하였다니보다 없어진 듯했다. 그리고 우중충한 벽돌집 쇠집 굴뚝──들이 잠뿍 들어섰다.

"저게 무슨 기곗간인가?"

"참 원, 저 검언 게 다 뭐유?…… 아, 저쪽이 창리(그들이 살던 곳)가 아니우?"

아낙은 설마 그래도 고향이 통째로 이사를 갔거나 영장이 되었으리라고 믿지 않았다. 어데던지 그 근방에 남아 있을 것 같았고 아물아물 뵈는 것 같기도 했다.

"저─바닷가까지 기곗간이 나갔는데, 원 어데가 있다구 그래…… 가만 있자, 저 뒤가 형제바우(바닷가에 있는 두 바위)고 저 뒤가 쿵쿵(파도가 심한 여울)인데……."

"글쎄…… 저게 다 뭔가."

아낙도 자세 보니 참말 마을이라고는 뵈이지 않았다.

"최 면장네랑 박 순검네도 다──어데 갔는지!"

"그런 사람이야 국록을 먹는데 어데 간들 못살나구."

"그래도 우리처럼 홀홀 옮기겠소. 삼백 년인지 오백 년인지…… 어느 님군 적부터라든가……."

겨울 해도 발서 서산머리에 나불거린다. 검은 바다에서 불어오는 짜디짠 바람이 살을 어이는 눈귀운을 머금고 휙휙 분다. 그들은 걸을 힘이 나지 않았다. 간도 땅에서 한낱 태산같이 믿고 온 고향이요, 구주와 같이 믿고 온 형의 집이 죄다 간 곳 없으니 어데를 가면 좋을지 알 수가 없게 되었다.

"그래도 가 봅시다. 저기 가서 물어보면 알겠지."

아낙은 아직도 무엇을 믿기만 하는 모양이다. 가 보면 무슨 도리가 혹 있을 것 같았던 것이다.

"원, 땅과 물어본담, 바다와 물어본담."

창선은 다시 짐을 걸머지었다.

"점심 밥이 좀 남았든가?"

"웬 게 남아요…… 쭐 게 없는 밥이 암만 먹어야 배가 니러서야지."

그들은 턱도 없는 곳으로 향하야 걸어갔다. 길죽길죽한 벽돌집(관사)이 왜병대같이 규측있게 산비탈에 나란히 섰다. 평바닥에는 고래 같은 커다란 공장들이 있다. 높다란 굴뚝이 거만스럽게 우뚝우뚝 버티고 있다.

이쪽에는 잘방게 같은 큰 돌막이 벽돌집 서슬에 불려갈 듯이 황송히 짜그리고 있다. 호떡집에서는 가는 연기가 난다.

검퍼런 공장복에다 진흙빛 감발을 친 청인인지 조선 사람인지 일인인지 모를 눈에 서투른 사람이 바쁘게 쏘다닌다. 허리를 질근질근 동여맨 소매 길다만 청인들이 왈왈거리며 지나간다. 조선 사람이라고 뵈이는 것은 어울리지 않는 감발을 이고 상투를 갓 자르고 남도 사투리를 쓰는 패뿐이다. 옛날같이 상투 짜고 곰방대를 든 친구들은 하나도 볼 수가 없었다.

창선은 그런 패를 만날 때마다 무엇을 물어볼 듯이 머뭇머뭇하곤 하였다. 그러나 웬일인지 말이 나가지 않았다. 그리하야 여러 패를 그저 지내 보내였다. 입에서 금시 말이 나갈 듯하다가는 혹 예 보든 사람이 있겠지 하며 딴 데를 휘휘 살펴보았다.

얼마 가다가 그는 저 멀리서 흰 옷 입은 사람이 하나 오는 것을 보았다. 역시 멀리서 보아도 예 모든 사람같이 흙냄새 고깃냄새 나는 텁텁한 사람이 아니다. 그러나 혼자서 오는 것이 어떻게 정이 들어 뵈었다.

"원 모다 험상구진 사람들뿐이지…… 사람조차 변했는지…… 공연히 나왔지. 이거 에데 살겠소."

아낙은 근심스러운 푸념을 한다. 와 보면 무슨 수가 있을 것 같은 생각이 많이 덜어졌다.

"저—기 오는 사람과 물어보면 알겠지. 설마 산 사람 입에 거미줄이 쓸나구…… 로동이라도 해 먹지 뭘."

창선은 인제 막다른 골목에 서는 듯한 생각이 났다.

"여보——."

그는 문득 앞에 오는 흰 옷 입은 사람을 부르며 주춤하였다.

"여기 저——바닷가 창리가 어데로 갔는지 모르겠소?"

"창리요?"

그는 창선이의 내외를 아래위를 훑어보며 대수롭지 않게 대답을 한다.

"저 고개 넘어 구룡리로 갔죠. 발서 언제라구——."

"구룡리요?"

창선은 숨이 나왔다. 구룡리는 잘 아는 곳이다. 고향은 아니나 사촌 고향쯤은 되는 곳이다. 집이 몇이 있고 길이 어떻게 난 것까지 머리에 남아 있다.

"저 구룡리 말이지요. 그래 창리 집들은 죄다 그리로 갔나요? 혹 창룡(그의 형) 씨라고 모르겠소?"

"그걸 누가 아오."

흰 옷 입은 로동자는 공연히 서슬이 나서 지나간다. 창선은 그 사람 가는 편을 흘깃 바라보고는 아낙을 향하야 애오라지 웃음을 뵈었다.

“구룡리로 갔다는구려. 원, 웬 판국인지 이놈의 조화를 누가 안담.”

“그 ×들 해필 창리라야 맛인가…….”

“거게가 알짱이거든 너르고…….”

두 내외는 바로 구룡리 뒷재를 향하야 걸어갔다. 좀 기운이 나는 듯했다. 짐을 진 남편의 등판도 좀 가뿐해진 것 같고 아낙의 보퉁이도 얼마큼 개벼워지는 듯했다.

2

구룡리 뒷재는 끊어졌다. 철도길이 살때(살대, 화살대)같이 해변으로 내달았다. ‘후미기리’에 올라서니 ‘래—ㄹ’이 남북으로 한없이 늘어져 있다. 어데서 왔는지 어데까지 갔는지 끝간 데가 아물아물 사라진다. 놀라웁고 야단스러워 뵈였다. 그러나 그만치 눈에 서툴고 인정모가 뵈이지 않았다. 소수레나 고깃배가 얼마나 정답게 생각켜지는지 몰랐다. ‘풍……왕—왕—.’하는 기차 소리는 귀에 야즈라웠다.

그는 꿈인 듯 옛일이 새로워졌다. 산바탈 고개 남석 다방솔 그늘 아래 낮잠 자는 그 옛일이 새로워졌다. 두세 오리 전선줄에 강남제비 쉬고 가는 그 봄철에 밭 가든 기억이 그리워졌다. 구운 가잼이(물고기)에 참조 점심을 꿋꿋이 먹고 ‘엉금엉금’ 기음매든 그 밭이 정다워 뵈였다.

동리 아이들, 처녀 총각——검둥이 센둥이, 앞방녜 뒤방녜가 첫 새벽부터 수소 암소들을 척척 거넝겨 타고 ‘아리랑’ 노래를 부르며 소멕이러 댄니던 것도 이 근방이다.

“개똥녜야 소멕이라 가자.”

이렇게 부르면,

“쩡냥(뒷간)니냐. 그래라 나간다. 짱돌이 헛간쇠 안 왔늬.”

이렇게 대답하며 소를 몰고 나선다.

"야, 네 쇠는 양주머리가 감추었구나.(살이 찌면 양주머리가 불쑥하게 된다.)"

"우리 쇠사 숫쇠니까 그러치."

"야 숫쇠는 암내를 내서 봄이면 여빈단다."

이렇게 얘기들 하는 소리에 소먹이는 아이들은 넷 다섯……십여 명씩 모인다. 그러면 아리랑 타령이 나온다.

    꿀보다 더 단 건 진고개 사탕
    놀기나 좋기는 세 벌 상투(총각이 머리채로 짠 상투)

    아리랑 아리랑 아리리요
    아리랑 고개로 날 넴겨라

    시냇가 강변에 돌도 만코
    이내 시집에 말도 만타

노래와 얘기로 해 가는 줄을 모른다. 때때로 소를 말뚝에 매어 놓고 수수꺽기 서울 목돈(돌유희),사또 노름, 소경 노름, 각시 노름, 말 노름도 한다. 그러다가 겨울이 되면 바닷가에 나가서 고기그물에 고드름같이 줄 달린 고기도 뜯는다.

이 고장은 대개 절반 농사로 절반은 고기잽이기 때문에 어린아이들도 두 가지 일을 하는 것이다. 고기 잘 잡히는 해면 어린 아이들도 하루 수삼십 전 벌이를 한다. 그 때문에 처녀 총각이 만나는 도수가 많고 또 예사로 얘기들을 한다.

이러한 중에서 창선이도 지금의 아낙을 맞드렸던 것이다. 시쳇 말로 하면 연애를 하였던 것이다.

　"야, 이거 안먹겟늬. 뉘——?"

　창선은 개눈깔 사탕을 사 가지고 와서는 소를 먹이다가 일부러 순남이(그의 아낙) 곁에 가까이 가서 개눈깔 사탕을 쥔 손을 번쩍 들며 '뉘——?' 하고 소리를 친다.

　"내——."

　"내다."

　아이들은 연방 이렇게 나도 나도 소리소리 외친다.

　"엿다. 순남이 첫째다."

　창선은 누가 먼저 '내——' 했겠든지 그건 아잘 것 없이 애초의 예산대로 한두 알 순남이에게 주고는 남은 것은 제 입에 모다 쓸어 넣는다.

　"야, 순남아. 씹어 먹지 말고 녹여라. 뉘가 더 오래 녹이나 내기할까."

　그러면 여러 아이들은 부러워서 침을 꿀꿀 넘긴다.

　"저 간나새끼 사를 쓴다. 내가 만저다."

　"올타 저 애가 만저다. 그 담에 낸데…… 늬 무슨…… 순남이 네 각시냐."

　"내 순남이 에미와 이느지 않는가 봐라."

　이렇게 철없는 불평이 터진다. 그러면 멋모르는 순남이는 신이 나서 악을 쓴다.

　"야, 이 종간나새끼. 각시란기 무시기냐…… 야, 이 간나야, 너는 울어마니과 무스 거 일르겟늬. 너는 어째 쌍돌이 꽈——리를 가졌늬."

　"이 간나 내 언제 가졌늬."

　이렇게 싸움이 터진다. 그러나 이런 것이 모두 소박한 그들의 가슴에

잊을 수 없는 뿌리를 내리었다.

　나이 먹을수록 창선이와 순남이는 서로 내외를 하게 되었다. 어떤 때는 외면을 하는 일도 있었다. 그러나 내외를 하고 외면을 하니만치 이면의 그 무엇은 커질 뿐이었다.

　기음을 매다가도 순남이가 메(먹는 풀뿌리)나 나시나달뉘(모다먹는 풀) 캐러 나온 것을 닛기만 하면 사람 보지 않는 틈을 타서 그리로 간다.

　"뭘 캐늬? 메냐?"

　"메를 캐는지 별로 없거던…… 깊이 파야 모래 속에 있는데."

　순남이는 흘깃 보구는 고개를 반쯤 돌린다. 말씨도 전보다 행결 점잖아지고 하는 태도도 매우 숫처녀다워졌다.

　"내 캐 주지…… 오늘 긴녁에 먹으라 간다. 응."

　"누가 오지 말나는기…… 오늘 긴녁 메떡을 하겠는데."

　"야 정말…… 나 꼭 간다. 그러다가 너어 집에서 욕하면 어쩌겠늬."

　"언제 욕먹어 쌌는 기…… 와 보지도 않고……."

　이리하여 순박한 맘과 맘은 풀 수 없게 맺어졌다.

　겨울이 되면 해사 소식이 짜——퍼진다. 은어(도루멕이)가 잡히고 명태 배가 들어오면 고기 풍년이 났다고 살판을 만났다고 남녀노소 없이 야단들이다. 아낙들은 함지를 이고 남자들은 수레를 끌고 고기바지를 댄닌다. 해변에 몰린다. 순남이도 해마다 그리로 댄였다. 늘 창선이네 배에 가서 사 오군 하였다. 창선이는 자기 집 고깃배만 포구에 들어오면 부리나케 나가서 고기 파리를 한다. 가장 기쁜 생각으로——그것은 날마다 순남이가 오는 까닭이다. 그 일하는 것이 그에게는 가장 기쁨이 되었다. 은근한 희망이 따르는 까닭이다. 그는 새벽부터 신이 나서 고기를 세어넘긴다.

　"한 드럼에 얼마요?"

고기 바지꾼이 이렇게 물으면,

"석 냥(육십 전)어치면 목대가 부러지오."

"알이 잘 들었소?"

"알이라니…… 고지애만 떼 먹어도 큰 장사죠."

"석 드럼만 세어 놓소."

"세어 주오."

이렇게 아낙네와 수레꾼이 나두나두 째도루며 사들 간다.

"하나이요. 둘이에…… 열이요…… 이런나니 한 드럼…… 자아 세 마리 넘어가오."

창선은 아직 나이 젊고 고기 다루는 데 익숙지 못해서 흔히 아낙네 것만 세군 하였다. 한 차례 세고 이마에 땀이 추루루해서 느른한 허리를 펴며 고개를 들면 그을그리는 아낙네 틈에는 순남이가 끼어 있다. 고기 세는 사람이 한둘이 아니니까 순남이는 똑바로 그의 앞에 함지를 내려놓지 못하고 그저 그의 앞 비슷하게 비스듬히 내려놓고는 발끝도 내려다보다가는 가없는 너른 바다에 말없이 시선을 주기도 한다. 그의 얼굴은 어떤지 좀 붉어지는 듯했다. 창선이는 비죽 웃고 명태 중에도 알 잘 든 놈을 골라 가며 쪼개로 척척 찍어 그의 함지에 세어 놓는다. 어물어물 한 드럼에 네일곱 마리씩은 더 넘겨 준다.

이렇게 애든 이 고장이요, 이렇게 친한 이 바다이다.

그러나 지금은 모든 것이 달라졌다. 산도 그렇고 물도 그렇다. 철도길이 고개를 갈라 먹고 창리 포구에 어선이 끊어졌다. 구수한 흙냄새 나는 마을이 없어지고, 맵짠 쇠냄새 나는 공장과 벽돌집이 거만스러히 배를 붙이고 있다. 소수레가 끊어지고 부수레(기차)가 왱왱거린다. 농군은 산비탈 으슥한 곳으로 밀려가고 노가다(노동자) 패가 제노라고 쏘댄닌다. 땅은 석탄 먼지에 꺼멓게 절고 배따라기 요란하던 포구는 파도 소리 홀로 쓸쓸하다. 그의 눈에는 땅도 바다도 한결같이 죽은 듯했다. 기계간 벽돌집 쇠사슬 떼굴뚝이 아무리 야단스러워도 그저 하잘것없는 까닭 모를 것이었다.

　내외는 철도 둑을 넘어 고개 턱에 올라섰다. 새로 이사간 고향이 뵈인다. 저——바닷가에——.

　그러나 옛날 구룡리 마을은 아주 말 아니다. 철도길 바람에 마을 한 복판이 툭 끊어져 버렸다. 마을 어귀를 파수 보던 솔나무들이 늙은이 앞니같이 뭉텅 빠져 버렸다 기차 굴뚝에서 나온 조그만 석탄불이 집어 샘킨 불탄 두세 집이 뵈인다. 나즉나즉한 곤돌 초막은 무서운 듯이 쪼그리고 있다. 작고 더 쪼그릴 것 같다. 그리 되면 그 속의 식구들이 모조리 깔리고 말 것이다. 창선의 머리에는 낮꿈같이 야릇한 상상이 그리어졌다——기운찬 사나이만 쪼그라진 그 지붕을 뚫고 머리를 반쯤 내민 것이 뵈인다. 늙은이, 아낙네, 어린것이 그 밑에 깔려서 숨이 팔딱거리는 것이 뵈인다——.

　창리에서 이사간 집들은 생소한 그 서슬에 정 떨어진 듯이 저——바다 한가에 물러가 있다. 그러나 사정 없는 바닷물이 샘킬 것 같다. 그래도 바닷가 사람에게는 낯설은 기차에 비해서 바다가 정다웠던 모양이다.

　"저기 가서 월밀석이 무섭지도 않나!"

　"바다가 가까워서 고기바지는 제일이겠소. 그래도——."

　아낙은 고기바지할 것만 생각하였다.

　"되놈의 땅에서 생선을 못먹어 창자에 탈이 났는데."

　"돈만 있어 보지. 되땅이 아니라 생국(서양)가도 태평이지."

　내외는 이런 얘기를 하며 형의 집을 찾으랴고 물어볼 사람을 찾으나 좀처럼 만날 수가 없었다. 겨울이 되면 더 사람이 많이 나댄닐 터인데 이상한 일이었다. 고기만 잘 잡힌다면 발서 오는 길에서 고기바지 아낙네와 수레꾼들을 많이 만났을 것이다. 그러나 하나도 못 보았다.

3

창선이가 길가 어떤 아이와 물어 가지고 형의 집에 찾아온 때는 좀 어두컴컴했다. 어머니는 누더기를 쓰고 가맛목에 드러누웠고 조카 남매는 희미한 등경불 아래에서 감자떡을 치고 있었다.

"어머니, 창선입니다."

"어머니……."

내외는 바당문을 열고 들어서자 성큼 정주에 올라서며 어머니 앞에 절을 넙석 하였다.

"아니, 창선이라니……."

어머니는 너무도 놀라고 반가웠던 것이다.

"어머니, 그새 소환이나 안계셨습니까…… 택내가 다 무고한가요?"

"응…… 원…… 이 추운데 그래 살아왔구나."

어머니는 고비낀 눈을 슴벅그리며 자세히 쳐다본다. 어머니 아니고는 날 수 없는 눈물이 고였다.

"죽잖으면 그래도 만나는구나…… 아들이 낫다지. 어데 보자…… 이름은 무엇이라고 지었늬?"

"간도에서 낫다고 간남이라고 했습니다…… 추위에 감기를 만나서…… 영 죽게 되었어요."

아낙은 젖에서 어린것을 떼여 어머니에게 안겨 드렸다.

"아이구, 컸구나…… 이런 무겁기라구…… 작년 구우러에 낫다지…… 원, 늙은 것은 얼는 가고 너이나 잘 살야겠는데……."

어머니 눈에서는 눈물이 굴러떨어졌다.

"그래 그 곳 사는 일이 어떻트냐. 예보다는 좋다드구나."

"말 마십시오. 죽지 않은 게 텬만다행입니다. 되놈들 등쌀에 물녀댄니기에 볼일을 못 봅니다. 우리 살든 고장에서도 쉰아무 집 되는 데서 발서 열 집이나 어데로 떠났습니다. 무지막지하게 땅을 떼고 몰아내는 데야 어찌합니까…… 우리 동리 아랫동리 령남 사람은 한 집이 몰살을 했답니다."

"저런…… 몰살은…… 끔찍도 해라."

"늙은 어머니와 아낙과 어린 자식들을 두고 가장이 벌이를 갔드라나요. 한 게 뜻대로 되지 못해서 한 스물날 만에야 돌아와 보니 늙은이가 방에서 얼어 죽고 아낙은 어데로 갔는지 뵈지 않드래요."

"저런…… 청인이 차갔나? 원…… 사람은 못살 데로구나."

"그런 게 안닌데 가장도 처음은 그렇게 생각했답니다…… 그래서 칼을 들고 찾아나섰대요."

"죽일나고, 원 저런…… 치가 떨리는 일이라구는."

"남편이 미친 사람같이 두루 찾아 단니는데 눈어름 속에 사람 같은 것이 뵈이드래요…… 그래 막상 가 보니 아낙이 올터라지요."

"아, 그래 살았어?"

"아니…… 눈 속에서 얼어 죽었는데 머리에는 강냥이(옥수수) 한 되를 니고 어린애는 하나는 업고 하나는 앞에 안은 채 얼어붙었드래요."

"원, 하눌도 무심하지. 그것들이 무슨 죄가 있다구."

"그뿐인가요. 남편까지 죽었답니다. 발광이 나서……."

"사람 못살 데다. 말도 마라. 원, 끔찍끔찍해서 그걸 누가 듣는단 말이냐…… 그래도 재대비(창선의 령)는 정 안되면 그리로 간다구…… 원, 하누님 맙시사."

"소문만 듣고 갔다가는 큰일납니다. 그렇게 죽고 몰려댄니는 사람이 부지기수랍니다. 여북해서 이 겨울에 나왔겠습니까."

"엔들 여북하겠니. 생불여사다…… 오늘도 어쩌면 살아볼까 몰려들 가더라만──."

"참, 형님 읍으로 갔대지요. 아즈머니까지……."

"설상가상이다. 사다사다 안 되니 오늘 감사라든지 난 모른다만 그리고 온 동리가 몰려갔다드라."

"감사? 무슨 때문에요?"

"원, 세월이 없구나. 보지 못하니 태평이지. 모다 굶어 죽는다고 야단들이다."

"글쎄 그렇다기로 도 장관이 살려 주겠습니까."

"사흘 굶은 범이 원을 가리겠니. 죽을 판인데……고기가 잡혀야 살지. 무얼 먹고 산단 말이냐."

"고기가 안 잡히는데 누구를 치탈하겠습니까. 세월 탓이지요."

"세월 탓이 아니라는구나. 포구가 나빠서 그렇단다. 배도 못 뭇고 뭍으면 바사진다는구나…… 시월에 모래 언덕집 유새네 은어(도루메기) 배가 바사졌다. 사람이 셋이 고기밥이 되었단다. 그 집 맛사람이 분김에 회사에 가서 행열을 하다가 ×××한테 몰려나고 술이 잔득 취해서 바사진 뱃조각을 두드리고 통곡하다가 얼어 죽었단다. 원──."

"그런데 회사는 무슨 회삽니까."

"저게 그 창리 바닥을 못 봤니…… 그 ×××란다. ×야 원──."

"어째서요?"

"이리로 온 게 뉘 때문이냐. 글쎄 창리야 좀 좋았니. 운수가 고단하면 자빠져도 코가 깨진다고…… 글쎄 그 터를 내준 게 잘못이지."

어머니 말만 들어 가지고는 자세한 내용을 알기 어려웠다. 그러나 대

체 어지간한 일이 아닌 것은 짐작할 수가 있었다. 그러나 온 동리가 쓰러져 간다는 것은 암만해도 의심쩍은 일이다.

의혹도 의혹이려니와 그러나 배가 더 고팠다. 그래서 어머니가 권하는 대로 형의 내외를 기다리는 감자밥으로 우선 요기나 했다.

"이게 무슨 재단이 났구나. 갈 때에도 말이 많더니 왜 옆때 못 오는지……."

어머니는 오래간만에 만난 기쁨이 점점 엷어지고 잠시 잊었던 근심이 다시 시작되었다.

"글쎄요. 날세가 별안간 추워져서……."

창선이 내외도 적이 근심되었다.

"날세도 날세지만…… 온 별일이드라. 동리에서 몰려나서기만 하면 어쩐지 ×××이 부득부득 못가게 한다더구나…… 그래 오늘 아츰은 장날 핑계를 대고 새벽부터 장으로 갑네 하고 패패 떠났다…… 이제 무슨 일이 났다, 났어…… 원."

"오겠습지요. 누으십시오."

창선이는 어머니를 안심시킬래도 사정을 몰라서 할 말이 나서지 않았다. 어머니는 이쪽 저쪽으로 돌아누우며 끝끝내 맘을 놓지 못하는 모양이다. 조카 남매는 새 동생을 가운데 놓고 노전가지에 불을 붙여 팽팽 돌린다. 감자떡을 떼어준다, 손장단을 맞친다 하더니 그만 자는 체 없이 곤드라지고 말았다. 아낙도 어린것을 끼고 녹으라져 버렸다.

4

창선의 형 창룡이 내외가 집에 돌아온 것은 밤이 매우 이슥한 때였다.

"온, 어쩌면 이렇게 변하였습니까. 영 딴 세상 같습니다."

피차 오래간만에 만난 회포 인사가 끝나자, 창선은 간도 형편을 대강 말하고는 이렇게 말하였다.

"말 말게. 냉수에 이 부러질 노릇이지…… 한둘도 아니요 온 동리가 기 지사경이네…… 그래 이 소식도 못 들었나? 신문사라는 신문사는 다 왔다 갔네."

"글쎄 어머니에게서 대강 들었습니다만…… 아조 금시초문이지 들을 길이 있습니까."

창룡이는 처음 ××××××가 될 때 형편을 얘기하였다. 이 근방 토 지를 매수하며…… 든 말과 그 사이에 소위 ××유력자들이 나서서 춤 을 추던 야바위를 말하였다.

"이리로 옮기기만 하면 여게다 인천만한 항구를 만들어 줄테요. 시장, 학교, 무슨 우편소니 큰 길이니 다 내준다고…… 야단스러운 지도를 가 지고 와서 구룡리를 가리키며 제이의 인천을 보라고…… 원, 산 눈뺄 세상이지."

"그래서요?"

"그래도 이천 명이나 되니 그리 얼른 ×겠나. 해서 구룡리에다 창리만 한 설비를 해 주면 간다고 했지…… 그리고 우리도 한 집이라도 만저 가면…… 인다고 온 동리에서 말이 됐지…… 했더니 ……에서도 아조 능청스럽게 그렇게 하라구 호언장담을 하더니…… 온, 이런 놈의 야바 우가 있나. 그렇게 말해 놓고는 뒤으로 한 사람씩 파는구만."

"파다니요?"

"파는 놈이 병신이지. 저 우물녁집 개수경이 있지 않나. 사람이 부러야 하지. ××에서 꾀꾼을 그리로 보냈드래. 커다란 봉투에 무엇을 수북이 넣어서 맷기여 장차 장자가 되는 봉투라고…… 위선 구룡리로 옮기기만 하면 그 봉투를 줄 텐데 잘 간수했다가 떼어 보면 알쪼가 있다구."
"무슨 봉투래요. 사실이든가요?"
"무얼 사실이야. 엊그제야 떼어 보니 십 원짜리 한 장인가 들었드
래……그래도 그 바람에 신이 나서 동리 약속을 깨트리고 먼저 옮았네
그려. 죽을 심 쳤겠지. 그러나 동리 터에 그걸 죽이나 어쩌나…… 하더
니 구수한 풍설에 한 집 두 집 설비도 해 주기 전에 그만 다 옮아 버렸
네그려."
"집값은 다 받았겠지요?"
"그야 받았지만 그건 가지고 뭘 하나. 고기가 잡혀야 말이지…… 워낙
금년은 어산이 말 아니네."
"아주 그렇게 안 잡힙니까."
"압다, 이 포구를 못 봤나…… 축항인지 무언지 해 준다든 게 그래논
꼴만 보게. 큰 집 마당만하게 좌우 쪽에 쉰아무 발씩 방축을 쳐쌌다네.
거게 무슨 배를 매며…… 발서 일 년도 못돼서 마흔다섯 척 중에서 아
홉 채가 바사졌네. 저 류관청네와 모래언덕집과……."
"그건 들었습니다만 사람까지 상패가 났다니……."
"글쎄 여보게. 서호에 가서 바다 오면 병태 한 바리에 스무 냥(사 원)은
더 주어야 하네. 한데도 서호 댄니는 길은 돌강스랭이가 되어서 만니
니고 댄일 수도 없고 수렛길이 없어서 수레도 못단니고…… 게다가 해
풍이 심해서 고기바지꾼이 얼마를 얼어 죽을지 모르네. 그래 누누이 회
사에 말을 했건만 영 막무가내 하구만."
"저런…… 는…… 그걸…… 두어요."
"애초에 도청에서 설계를 했으니 저이는 그대로만 했으니 모른다는 게
지…… 그래 오늘은 ××× 있는 데로 가 보았네…… ××× 나와서 가
라구만 하지 어데 꼴이나 볼 수 있나."

"그래 못 만났어요?"

"석양에야 겨우 만나긴 했네. 잘 해 준다고 하게 다지고 왔지만……."

"그런데 아낙들까지…… 난림입니다. 바로——."

"제 발등이 딱으니까 가지 말래도 가는 게지. 또 그래야 관청에서도 알아 주네. 여기 번영회라는 게 있어 가지고 대표가 사오 차 나가도 돌아가서 기대리라고만 하지 어데 하나나 해 주나. 해서 이번은 대표도 소용없다 모다 가자 하고 간 걸세."

"그럼 인제는 잘될 모양입니까?"

"말만은 고맙데…… 한데 워낙 이제부터는 바다가 깊어서 한 칸에 몇만 원씩 든다네그려."

"그래도 회사에서 으레 해 놓아야지. 별수 있습니까. 안해 주면 우리 동리를 도루 달나지요."

"원 가당치도 않은…… 가 우리 말은 고사하고 ××도 넷뜨리만히 안다네. 원령의명을 업고 댄니는지 그 ×× 등쌀은 갈는 장수가 없데그려. 돈이면 그만이야. 정승이 부럽겠나 ×××무섭겠나. 무에 무서울 게 있어야 말이지…… 저 관사만 보게…… 명암도 못드리겠데 뿡——하면 자동차라고."

자리에 누어서까지 이런 얘기를 하는 사이에 창선은 그만 곤해서 어느새 코를 골았다. 그러나 창룡이는 이 궁리 저 궁리에 새 날이 오도록 잠이 들지 않았다. 그에게는 무거운 짐 한 짝이 더 엎히었다.

5

창선이는 한심스러운 생각이 더처 왔다. 제 고장이라고 그리워하였고 제 친족이라고 찾아는 왔으나 생각든 바와는 아주 텬양지판(하늘과 땅

사이, 엄청난 차이)이다. 조선 가면 아모 일이라도 해 먹으려니 했으나 막상 와 보니 그 '아모 일'이란 아모 데서도 찾을 수 없었다. 일하구 싶어도 할 일이 없고 힘을 쓸래도 쓸 곳이 없고 고기도 잡아 먹을 수 없고 농사도 지을 수 없다. 대대로 전하여 오든 손익은 일 맛드린 일은 이리하야 얻어 만낼 수 없고 눈이 멀개서 산 송장이 될 것만 같았다.

그러나 정든 옛일이나 그네가 같이 밀려간 자리에는 낯설은 새노릅(공장 기계)이 주인같이 타리게를 틀었다. 검은 굴뚝이 새 소리를 외치고 눈 서투른 무서운 공장이 새 일꾼을 찾으나 그것은 너무도 자기 몸과 거리가 먼 것 같았다. 그만치 할 일이 있고 할 뜻이 있는 옛일에 대한 애착이 아직까지 뿌리 깊이 가슴을 부여잡고 있다. 그런데 그 일은 어데 가고 꿈도 안 꾸던 뚱딴지 같은 일터가 제 맘대로 벌여져 있다. 게트림을 하면서 턱으로 사람을 부른다. 없는 사람을——그러나 차마 발이 떨어지지 않는다. 천하 없어도 후려 넣는 절대 명령이요 울며불며라도 가잖을 수 없는 그 곳이언만——이리하야 망설이는 과도기의 공포와 설움이 그의 가슴을 쑤시었다.

구룡리 백성의 살림은 더욱 말 아니었다. 겨울이 가고 봄이 오는 사이에 쌀독의 낫알은 죄다 없어졌다.

겟덕(물고기 말리는 말뚝)은 부엌이 다 집어먹었다. 그래도 잘해 준다든 소식은 찾아오지 않았다. 포구에는 배따라기가 떠보지 못하고 산야에는 격양의 노래가 끊어졌다. 다만 들리나니 저녁놀이 사라지는 황혼의 노농자 노래뿐이다.

장진물이 넘어서 수력 뎐기 되고
내호바닥 기계속은 질소 비료가 되네
아—령 아—령 아라리가 났네

아리랑 고개로 넘겨겨겨 주—소
논밭간 조흔 건 기곗간이 되고
계집애 잘난 건 요릿간만 가네

헙스럽고 까라진 아리랑이보다──사잣밥을 목에 단 배꾼의 노래보
다 씩씩한 노래다. 옛살님을 빈정대고 새 살님을 자랑하는 노래다.
그 후 얼마 못 되야서 이 고장 백성들은 상투를 자르고 공장으로 몰
려갔다. 그러나 그렇게 함부로 써 주는 것이 아니다. 맨 힘차고 뼈 굵고
거슬거슬하나 나 젊은 우둥퉁하고 미욱스럽게 생긴 사람만 뽑히었다.
그리고 거기서 까불여난 늙고 약한 사람이 개똥밭 농사나 짓고 은어 부
스러기 고기잽이나 하는 수밖에 없었다. 어떤 사람은 온 가장을 보따리
에 꾸동처 지고 영원·장진으로 떠나갔다.
화전이나 해 먹을까 하는 것이다.
창선이는 요행 공장 노동자로 뽑혔다. 상투 짜고 감발 치고 부삽 들
고 콘크리트 반죽하는 생소한 사람이 되었다.

유 전

1

명준은 진작부터도 정식의 취직에 대해서 뜻했던 것은 아니지만, 그러나 그의 아내(아내인지 약혼만 한 사람인지는 딱히 몰랐으나)가 찾아와서 당부한 뒤로부터 좀더 취직 알선에 성의가 생겼던 것이 사실이다.

명준은 남의 말이야 여하튼 간에 혜선이라는 젊은 여인을 첨은 오로지 남의 부인으로서 존경하였다.

그리고 또 혜선의 남편 되는 정식이와는 엊그제 통성했을 뿐이나, 그 사람됨이 고지식하고 어리무던한데 주변 없는 그가 객지에서 졸지에 직업을 잃고 고생한다는 데 적이 동정하는 맘이 생겼고, 또 기왕 제가 룸펜으로 산지 사방 떠돌아다니던 때를 연상하고 오래 사귄 동무보다도 오히려 더 친근히 굴어야 할 것이어니 이렇게 생각하는 명준이었다. 따라서 못난 남편이기 때문에 늘 어깨를 죽이고 다니는 혜선이라는 젊은 여인에게도 은근히 동정과 경의를 표하였던 것이다.

"김 선생만 믿습니다. 그이가 워낙 사람이 용해서 제 속에 있는 말도 할 줄을 모른답니다. 그래 제가 보다가 못해 답답해서 실례를 무릅쓰고 왔습니다. 그렇지 않아도 범연할 리야 없지오만……."

하고 혜선이는 바디 바르지 못한 번니를 내놓고 간곡한 표정으로 웃는 것이었다.

웃을 때 그 좀 토실해 보이는 풍부한 뺨이 썩 많은 잔물결을 보이고, 그리고 입을 다물어도 그 뺨은 여느 사람보다 아기자기한 표정이 아롱거리고, 또 웃지 않고 말하는 때라도 그 심한 번니가 무슨 결함미라고 할까 어쨌든 남다른 무엇을 그 입가와 뺨에까지 그리어 주는 것이나, 명준은 그저 그렇거니 하고 볼 뿐이었다.

"전들 어디 힘이 있습니까? 그저 몇 해 동안 근무한 덕으로 일시 직업을 붙들고 있는 형편이니까요. 제가 가령 회사의 아랫도리 중역이라도 된다든가 그렇지 않으면 지배인이라도 된다든가 하면 혹시 또 모르겠습니다만 원시 그렇지 못하니까요. 그러나 정식 씨만은 몇 번 만나보아도 사귈 만한 동무고 또 어쩐지 미미한 힘이나 보태 올리고 싶어서요. 사람의 감정이란 이상한 것인가 봐요. 그래 정식 씨가 별로 말 안한다고 해도 제가 더 힘써 올리고 싶습니다. 그만침 알아 주십시오."

명준은 겸사로 이렇게 말하였다. 그리고 이것은 또 사실이기도 하지만, 실상인즉 명준은 이제 겨우 부지배인이라는 이름을 가지고 있으나 자리보다는 사장이나 전무의 신임이 흠썩 두터운 터이라 그의 청이 누구 말보다 유력하다.

그러나 제일왈, 아직 그 회사에는 마땅한 빈 자리가 없고, 또 명준의 성격이 너무 잔잔한 편이어서 무슨 일이든지 떼세게 툭탁 해 버리질 못한다.

그리고 또 정식이가 사람이 어리숙한 탓으로 큰 허물도 없이 바로 엊그제 같은 이 거리의 다른 회사에서, 취직한 지 불과 한 달 만에 밀려난 사람이 아니더라도 모르겠는데, 이러니저러니 말썽이 있던 사람이어서 취직이 수월히 될 수 없는 것이었다.

"하지만 김 선생 선성은 잘 들었습니다. 선생이 힘써 주실 생각만 계신다면 꼭 될 줄 압니다. 그러니 되구 안 되는 건……."

하고 혜선이라는 젊은 여인은 그 벋니를 약간씩 비치며 두 뺨에 오글보글한 물결을 짓고 웃는 것이다.

하는 품이 아무려나 명준에게 단단히 들씌우려는 것인데 그래도 명준은 혜선의 끈덕진 태도를 하 밉지 않게스리 생각하였다. 직업을 얻으려는 그 절박한 심정도 알려니와, 이왈 내외가 모두 사람됨이 밉지 않은 것이다.

"글쎄올시다. 부탁 안하셔도 결코 범연히는 생각지 않습니다. 사실 지금 제 속에 있는 대로 다 말해 드리고도 싶습니다만 만일 그랬다가 일이 그대로 안 되는 날에는 저를 우습게 여기실 것 같고 또 말이 앞서면 매양 일이 잘 안 되는 것이고 해서 아직 말을 다 못합니다. 그러나 생각만은 결코 등한하지 않습니다."

"천만에요. 선생이 그렇게까지 생각해 주신다면 더 말하지 않겠습니다. 선생만 믿겠습니다. 그리고 만일 일이 안 된다 하더라도 천만 선생을 원망한다든가 하는 일은 없을 겁니다. 김 선생 맘을 안 것만 해도 여간 감격한 일이 아닙니다."

"천만에요. 그렇게 말씀하시면 제가 도리어……."

"아니올시다. 글쎄 저희가 그 항상 뭡니까, 언제 아셨다고 그처럼 애써 주시겠습니까? 그러니 널리 생각하면 취직이 안 된다 하더라도 선생을 알게 된 것과 또 그 고마우신 맘을 저희가 감히 받게 된 것이 여간 영광이요 기쁨이 아닐 줄 압니다."

하는데 그 말하는 보법이 어찌 능란한지 사람 좋은 명준은 무어라 대답할지 몰랐다.

혜선이가 돌아간 다음 명준은 이따금 정식의 취직에 대해서 전보다 더 맘 따갑게 생각하고 그럴 때마다 으레 혜선이를 생각하였다.

혜선의 얼굴이 어떻게 생겼는지 어떤 때는 눈앞에 바라보는 듯 환했지만 또 어떤 때는 감감 생각나지 않아서 두루 궁리였다. 그러나 얼굴은 수시 얼른 생각나지 않는다 하더라도 그의 뺨에 서리우던 아롱진 물결과 그 물결 밑에 빠끔히 들여다보이던 벋니만은 언제든지 분명히 머리에 남아 있었다.

'꼭 일을 만들어 줘야 할 텐데……'

명준은 무심코 여러 번 혀아랫소리를 내었다. 어떤 때는 이마에 땀이 서는 것 같기도 하였다. 꼭 해 주어야겠다는 왼심이 지나쳤던 것이다.

그래, 회사 사장과 전무에게 몇 번 말을 붙여 보았다. 마침 불원간 이동될 자리도 있을 성싶었다.

그리고 또 정식이로 말하면 전문학교 상과까지 나왔으니 간판이 나빠서 안 될 리는 없었다.

그런데 또 명준이가 하도 간곡히 말하니까 사장도 전무도 밀막을 수가 없었다. 그래 적당한 자리가 있으면 써도 좋다는 데까지 말이 진행되었다. 그런데 조만간 그럴 만한 자리가 있을 것 같으니 일은 십분 희망이 내다보였다.

그러나 아직 직접 그 말을 정식에게 알리는 것은 그의 맘을 어설푸시 들춰 주고 안달이 나게 하는 것이라 하여 일절 그런 내색은 내지 않았으나, 명준은 은근히 기쁘고 반가운 맘이 있어 침침히 지내다 정식이 내외를 위안이나 해줄 겸 첨으로 그의 숙사로 찾아갔다.

찾아간즉 마침 정식이가 혼자 있었다. 혜선이는 어디로 놀러 나갔나 보다고 생각하면서도 명준은 두루 눈이 팔려서 짬짬이 두리번거리나 도대체 이 방에는 여자의 물건 같은 것은 하다못해 배우의 브로마이드 한 장도 붙어 있지 않다.

그래 명준은 아마 생활이 골몰해서 그런가 하며 내처 기왕 제가 고생할 때에 타월이 없어서 세수 뒤에 양복 앞섶에 얼굴을 닦던 때를 연상하였다.

"매우 심심하시지요?"

하고 그는 웃었다.

"아이구, 일하던 사람이 놀자니까 아주 죽겠습니다."

"그럼요, 노는 게 일하는 것보다 몇 곱절 힘이 들지요. 그러나 그 대신 놀다가 일을 하면 그만치 능률이 나요."

"일할 때 생각은 노는 것처럼 편할 것은 없을 것 같더니만······."

하는 정식은 여전히 무던하고 고지식한 그 사람 그대로다. 시방 걱정이 숱할 것이면서도 비교적 깊은 음영이 없이 그는 옛날 사람이 소에게 버선을 신겨 놓으니까 영 갑갑해서 죽더란 말을 하면서 제 갑갑한 속을 비쳐 말하는 것이었다.

"그런데 어째 살림을 차리시지 않고 여관 생활을 하십니까? 부인도 계신데······."

"아직 어디 됩니까? 또 있을 집도 마땅한 데가 없고 그리고 혜선이가 여관에 있기를 희망하고 해서 그런대로 눌러 있습니다."

"일시는 여관이 편할는지 모르지만 오래 있자면 도리어 불편할걸요······ 혼자 몸 같으면 몰라도······."

"혜선이가 사람이 좀 이상해서······."

그런 말을 하는데 명준은 그가 번번이 아내라든가 내자라든가 하는 말을 쓰지 않고 꼭꼭 혜선이라고 이름을 부르는 것이 이상하다고 생각하고 있는데 밖에서 누가 문을 개갑게 한두 번 똑똑 두드린다.

"들어오시오."

정식이가 그러니까 누가 조심스럽게 들어오는데 보니까 바로 혜선이다.

"김 선생 오셨습니까? 요전엔 실례 많았습니다."

"천만에요. 그새 안녕하십니까?"

"고맙습니다. 그저 그럭저럭 지냅니다."

"매우 갑갑하시지요? 더욱 요새는 날세가 한창 좋은 때가 돼서……."

"참말 어제 오늘은 아주 여름 같군요. 그래 어디 산보나 나가려구요."

그러며 혜선은 역시 그 애교 있는 벌니를 보이며 웃는데 하기는 핸드백을 든 것이며 개가운 홑옷을 새로 입은 맵시가 유산으로 나선 걸음 같다. '여자의 봄'이라더니 하는 생각을 하며 명준은 다시금 혜선의 얼굴을 보니 금시 화장한 뽀얀 두 뺨이 유난히 붉다.

"산보 가셔요? 그럼 나가시죠. 나가 봐야겠습니다."

명준은 그만 일어나려 하였다.

"아니에요. 천천히 노셔요."

혜선은 그렇게 말하고 정식이를 보며

"산보 가시려거든 갑시다. 김 선생도 오셨으니……."

하고 말하나 정식은 종시 맘이 내키지 않는 모양이다.

"난 그만두겠소. 혼자 다녀오구려."

"아니, 그럼 나두 그만두겠어요……. 건데 나 잠깐 다녀올게요. 10분 동안만……."

하고 혜선이가 정식에게 힐끗 눈질하는 속이 명준에게 대접할 무얼 좀 사오겠다는 의미인 듯해서 명준은 그만두라고 말릴 생각이나, 그러기도 안 되고 해서 미안김에 그만 일어날 차비를 하였다.

"아니, 김 선생 앉아 노셔요. 저 잠깐만 다녀오겠습니다. 첨 오셨는데 그렇게 가시면 됩니까?"

그리고 혜선은 정식에게

"나 10분이면 다녀올게요. 그런데 내 방에 누가 들어가나 잘 보셔요. 자물쇠를 안 잠갔어요."

하고 말하다가 고대 생각이 들었는지

"아니, 내 잠그고 가지. 이 집 어린애들이 여간 드세야지."

하고 혼잣말을 하며 명준에게 약간 허리를 숙여 인사하고 밖으로 나가더니 이내 그 뒷방문에서 절그덕절그덕 소리가 나는 품이 제 방문을 잠그는 소리다.

명준은 아까보다도 좀더 이상하게 생각하였다. 부부간이 각방한다는 것도 그러려니와 또 더욱 나다닐 때 정식이가 있는데도 불구하고 제 방에 자물쇠를 잠근다는 것도 알 수 없는 일이었다.

"사람이 괴악스러워서…… 누구든 제 걸 얼씬 만지기만 하면 질색이니까……."

정식이가 웃으며 이런 말을 하였다. 무슨 발명 같기도 하고 또 사람 좋은 간격 없는 말 같기도 하였다.

"여관집이란 워낙 분잡하니까…… 그리고 하긴, 무얼 잘 간직하는 성미가 좋은데 우린 그걸 못 하거든."

"우스운 말 같습니다만 여자란 참 이상하더군요. 글쎄 구두를 새로 지어 오면 신다가도 책상에 올려 놔두더군요."

"참, 나도 그런 걸 본 법해. 하하하……."

웃으며 명준은 다시 방 안을 휘 둘러보았다.

본즉 이 방도 꽤 잘 정돈된 편이다. 무슨 물건이 많은 것은 아니나 책자와 잉크병과 철필 등속이 꼭 정돈되어 있고 모자, 양복, 손수건도 제자리에 알마치미 바르게 걸려 있다.

그것이 정식의 단순한 성격을 말하는 것 같기도 하나, 또 한편 제 신변을 언제든지 제 손으로 마련해 갖고 그러 놓은 독신자의 궁상스런 버릇 같기도 하였다.

그러고 보니 그야말로 유류상취로 혜선이도 그런 성미인 듯한데 부부가 공교로이 그런 사람끼리 만났다는 것이 어째 더욱 야릇한 감을 주었다.

조금 지나서 혜선이가 실과를 사 들고 들어왔다.

명준은 미안한 생각이 들었으나 그런 말을 하는 것은 도리어 지금의 그들 부부에게 더 미안한 일이어서 대범히 웃으며 혜선이가 깎아 주는 실과를 넌지시 받아 먹었다.

"김 선생이 모처럼 오셨는데 대접이 소홀해서……."

혜선이가 웃었다.

"천만에요, 요전에 모처럼 오신 걸 아무것도 대접 못해 미안합니다. 이제부터 제 있는 데루두 좀 자주 놀러 오십시오. 두 분 다 퍽 심심하실 텐데……."

"고맙습니다. 놀러 갈래야 아는 데가 있어야지요."

혜선이가 그러니까 정식은

"김 형한테 놀러 갈 생각은 있지만 바쁘실 텐데 방해가 될 것 같아서……."

하는 것을 혜선이가 이내 도로 받아갔다.

"김 선생이 아무려나 우환을 만나실걸…… 기왕이면 저도 좀 어디다가 취직을 시켜 주십시오. 저도 마땅한 자리가 있으면 뭐든지 하겠어요. 그래야 또 김 선생한테 방해시키러 가지도 않을 거고 호호호……."

"아니에요. 놀러 오시는 건 얼마든지 상관없습니다……. 그런데 실례 같습니다만 여태 직업 같은 걸 가져 보신 일은 없으신지요."

명준은 그를 부인이라고 부르기에는 너무 젊은 듯하고 또 혜선 씨라고 부르기는 정식이 소견에 안된 듯해서 그저 명사 없이 어물어물 물었다.

"뭐 직업이란 건 못 될는지 모르겠습니다만 여학교를 나오자 경성역 출

찰계에 들어가 잠시 있은 일이 있습니다. 그러나 고단해서 못 견디어 내겠더군요. 그래서 인차 그만두었어요."

"그러나 동가홍상으로 직업도 같은 값이면 서울이 낫지요. 이런 시굴이야……."

"천만에요. 저는 시굴이 좋아요. 서울은 다시 가구 싶지 않아요. 제가 난 고향이지만……."

"그건 서울을 너무 잘 알아서 그럴 테지요. 그러나 우리에게는 여간 매력이 아니거든요. 기왕에 호떡으로 살던 땅입니다만. 하하하……."

"저도 물론 가고는 싶습니다만 당분간은 가지 못할 사정이……."

혜선이가 그러는 것을 정식이가 말 막듯이

"서울이 싫어서 시굴 왔는데 시굴 맛도 모르고 도루 갈 수 있소. 어찌하든지 시굴서 얼마 동안 지나 봐야지요."

하고 타이르듯이 혜선에게 말하였다.

"서울 얘긴 그만둡시다. 제가 하는 때는 모르겠는데 남들이 하는 걸 들으면 속이 상해서 죽겠어요."

"살면 다 고향이요, 서울이지요. 이 지방도 살아 보니까 차차 좋더군요."

"참말 김 선생, 이 여름에는 이 부근 산으로 하이킹이나 가십시다. 직업이나 얻어 놓고 맘이 좀 페면 구경이나 다녀야겠어요."

이렇게 혜선이는 이 지방에 맘을 붙이려는 것이나, 그 얼굴에는 어딘지 모르게 망명가와 같은 애상이 떠돌고 추억의 빛이 서리는 것이다. 서울에 필연코 무슨 깊은 연고가 있는 것 같으나 명준이론 물론 알 길이 없었다.

2

정식의 취직은 될 듯하면서도 수이 결정되지 않았다. 그래 거의 될 듯한 때면 정식은 기분이 건뜻 들리나, 그 대신 얼른 결판이 날 성싶지 않으면 앞이 천리로 까맣게 어두워지곤 하였다.

명준이도 이제는 책임이 있게 되어 적극적으로 힘을 쓰고 있었다. 또 조만간 되기는 될 것이었다.

그리고 명준은 될 수 있으면 혜선이까지 어디 마땅한 자리를 구해 주었으면 하였다. 유치원이나 사립 여자 학원이 좋으리라고 생각이 들었으나, 그 당국자들과는 여간 풋면목이나 있을 뿐으로 더 절친하게 상종하는 사람을 물색해서 말을 붙여 보기까지 하였다. 그런즉 지금은 결원이 없어서 채용할 수 없으나 앞으로 두고 보자는 것이었다.

그러던 어느 날 석양에 정식이와 혜선이가 명준의 숙소로 놀러 왔다.

명준이도 이 지방이 객지요 또 몇 해 전에 아내를 이혼하고는 여태 독신이어서 사삿집에서 밥을 사먹고 있는데 그가 거처하는 방은 따로 떨어진 사랑채여서 매우 조용하였다.

"그 동안 한번 놀러 간다면서 공연히 바빠서 못 갔습니다."

명준이가 사과하였다.

"천만에요. 저희도 생각만은 오고 싶은데 모처럼 애써 주시는데 괜히 성가시게 독촉하는 것 같아서……."

그것은 사실 정식의 곧은 심정이었다.

"온, 그렇게 생각한다면 도루 내가 미안합니다. 기실 나도 힘을 쓰느라고 하는데 워낙 미미한 존재가 돼서요. 그러나 얼마 동안만 더 기다려 보십시오. 어떻게든 되겠지요."

"아니, 오늘은 결코 취직 독촉하러 온 게 아닙니다. 안심하십시오. 하하하……."

"사실 우리 회사에도 아랫도리 자리는 가끔 납니다만 나이도 있고 또……."

"뭐 아무 자리면 상관 있습니까. 난 그런 덴 조금도 괘념하지 않습니다."

"그렇지만 학력이 있으니까요. 회사에서는 학력을 보고 자리를 결정하거든요. 그러게 요샛날은 학력이 높을수록 취직이 빠르지 못하답니다. 월급들도 대개 학력에 따라서 공정 가격이 있으니까요. 하하하……."

"그럼 이력서에 중학교만 썼을걸 그랬습니다그려."

정식이도 실없는 소리로 웃었다.

"그럼 참……."

명준은 이까지 말해 놓고는 혜선이를 무어라 부를까 하는 생각에 말이 걸려서 잠시 주저하다가 명사를 부르는 대신 그를 똑바로 보면서

"저어 ××여자 학원에 말해 봤더니요 얼마 동안 기다려 달라고 하는데 어찌하면 그것도 될 것 같더군요. 좌우간 너무 조급해 마십시오."

하고 혜선에게 말하였다.

"네, 고맙습니다. 그러나 저 같은 게 학원 선생 노릇을 해낼는지요. 공연히 김 선생 체면만 상하게 하지 않을는지 모르겠습니다. 그리고 또 선생이란 직업은 워낙 제겐 소당치 않으니까요."

"하긴 그래요. 선생이란 원체 젊은이에게는 부적당한 직업이지요. 그러나 이 바닥이 워낙 좁아 놔서 여자들 직업은 더욱 없습니다."

"그럼요. 이 지방은 말고도 서울엔 어디 여자들 직업이 흔합니까?"

그리고 혜선은 여자들 직업에 대해서 몇 마디 이야기하다가 문득 새 화제가 생각나서

"참, 요전에 이 곳 방송국에서 무슨 방송극을 하는데 아나운서의 소개를 들으니까 모다 이 지방 사람들인 것 같더군요. 본시부터 이 지방엔 연극인이 많이 난다는 말은 들었지만…… 그 방송극에 나오는 여자도 꽤 하던데요. 그러나 가만히 들으려니까 말투가 어찌 신파 연극단 배우 같기도 하고 또 어찌 들으면 기생 같기도 하고 해서 좀 점잖지가 못하더군요."

"글쎄요. 난 그런 방면에는 통 백지고 듣지도 않습니다만 그러나 이 지방에는 연극 같은 걸 하는 사람이 많은가 봐요, 듣자니까."

"아니, 직업 배우는 말구요. 소인(아마추어) 말씀인데 우린 차라리 판에 박힌 직업 배우보다 소인들이 좋아요. 요전 방송극만 해도 여자만 내놓구는 모다 소인들인 모양인데 그게 되려 점잖고 향토미가 있고 해서 좋은 것 같아요."

"글쎄올시다. 우린 그런 건 통 알지 못하니까……."

명준이가 그러니까 여태 가만히 듣고만 있던 정식이가

"아니, 그런 게 아니라, 혜선이가 학교 다닐 때 학교극을 여러 번 해 봤거든요. 짜장 직업 배우보다 낫다구들 했으니까요."

하고 웃었다.

"하하, 그러십니까? 그럼 이 곳서도 한번 해 보시지요."

"천만에요. 그건 괜히 해 보는 소립니다. 연극이 다 뭡니까. 첫째 연극 하는 사람들을 보기만 해도……."

"그럼 소설 낭독이든지 뭐 그 따위 혼자 하실 수 있는 걸 한번 해 보시죠. 모르면 몰라도 이 곳 방송국에서도 대환영일 겁니다."

"할 줄 몰라요. 제가 뭘 알겠습니까? 사람이 돼먹은 것만 보십시오."

"아니, 겸사 마시고, 곧잘 하실 겁니다. 우리 회사 사장이 이 곳 방송국장과 친분이 있는 모양인데 내 한번 사장에게 말을 해 보겠습니다."

"아니에요, 싫어요.……만일 제가 한다면 소설이든지 각본을 한번 제 손으로 써서 그걸 전파에 실어 보고는 싶습니다만, 그건 저만의 꿈이니까 실현돼 볼 날은 없지요."

"아니, 자작 자연을 하게 되면 더욱 좋지 않습니까? 한번 해 보십시오. 우리도 좀 들어 보게요."

"아니, 가령 말입니다. 제가 쓸 수 있다 하더라도 여러분이 들으실 자미는 없을 겁니다. 완전히 저만 듣고 싶고 저 홀로 외치고 싶은 소릴 테니 그걸 누가 듣겠습니까? 가령 제 손으로 쓴다고 하더라도 말입니다. 물론 쓰진 못합니다만."

"하지만 인간의 감정이란 어디든지 공통되는 데가 있으니까요. 그리고 때로는 어떤 개인이 제게 부르짖는 말이 가장 남의 심금을 울리는 수도 있으니까요."

"호호호…… 아니에요. 아주 꿈 같은 이야깁니다. 할 줄을 알아야지요. 그러나 만일 그런 걸 할 수 있다고 가정한다면 완전히 저 자신에게만 외치고 싶습니다. 다른 사람이 다 듣고 싶어서 물러서게끔, 나 한 사람의 소리만을 외치고 싶습니다."

하나, 혜선이가 어떠한 과거를 가지고 있으며 또 현재 어떠한 처지에 있다는 것을 모르는 명준은 그 말의 뜻을 딱히 알 수는 없는 것이다.

그러니 그저 혜선이가 지금 역경에 있다는 것과 또는 늘 보아 오는 바로 현재의 부부 생활에 대해서 얼음과 같이 차지면서 있다는 것을 미루어, 오로지 그 때문이 아닐까 그렇게 생각할밖에 더 없었다.

사실 정식이와 혜선이는 무슨 작렬한 불쌈을 한다든지 또는 그와 반대로 덤덤히 소가 닭 보듯 한다든지 하는 것은 아닌 듯하다. 그러면서도 두 사이가 싸늘하게 냉각해지고 있는 것만은 사실인 듯하였다.

정식이는 사람이 무던하고 고박하니까 그저 늘 어림뺑한 얼굴을 가지고 있고, 혜선이도 별로 남편을 까박하고 남보고 미워하는 눈치는 아니나 그래도 둘 사이는 어딘지 이상하였다. 그러는 사이에 저녁밥 먹을 시간이 되었다.

"참, 여기서 저녁들 잡수고 놀다 가시죠."

"아니, 우린 점심을 갓 먹어서 아무것도 생각 없습니다."

"그럼 반주나 좀 할까요? 참, 술 자시던가?"

"아니, 못 먹어요."

"나도 못 먹습니다만 정종 한두 잔이야 뭐."

"정종이요?"

정식은 그러다가 고쳐

"양주는 더러 먹어 본 일이 있습니다만……."

하는 것이 미상불 오늘은 울화가 나는 모양이요, 그래 한잔 마시기라도 했으면 하는 상이다.

그리고 혜선이도 우두커니 말없이 앉아서 일어나려고도 안 하는 품이 매우 심사가 불편한 모양이다.

"참말, 양주가 좋겠군요. 달큰해서 누구든지 마실 수 있으니까. 양주도 지독한 놈이 있답디다만……."

그러며 명준은 일어나 거리로 나갔다. 나가서 몇 군데 돌아다녀 보았으나 모두 동이 나서 결국 면목이 있는 바에 가서 사이다 병만한 것을 한 병하고 그 외에 양과자와 실과를 사 가지고 돌아왔다.

"양주는 가위 술 중에서는 양반이에요. 갑자기 취하긴 하지만 뒤가 잘 들어서 좋아요. 그리고 골치 아픈 일도 없고……."

명준이가 그러는 동안 정식은 술병을 들고 보더니

"이거 서양서는 여자들이 마시는 술이군요. 그러니까 맛날밖에 없지요."

하고 구미를 돌리는 티가 미상불 몇 잔 마실 잡두리다.

그래 명준은 심부름하는 계집에게 밥상에 술잔 둘을 놓아서 내오라고 시켰다.

명준은 혜선에게 양과자와 실과를 권하고 술을 따라 정식에게 먼저 주었다. 그리고 제가 따라 먹으려다가 혜선에게 권하지 않아서 괜찮을까 하는 생각을 하였으나, 무슨 딴소리를 하며 그 바람에 슬쩍 술을 마셔 버렸다.

혜선은 과자도 실과도 집으려 하지 않고 다소곳이 앉아서 신문을 보고 있었다. 술이 두서너 잔씩 왔다갔다 한 때에야 정식이가

"당신도 한 잔 들어 보시겠소?"

하고 혜선에게 권하였다.

"아니에요, 잡수세요."

하는 혜선의 표정이 몹시 우울해 보이고 술이라도 먹고 시름을 잊었으면 하는 눈치다.

"조곰만 잡수십시오. 술이라는 것보다 일종의 음료예요."

명준이가 술을 따라 혜선에게 권하였다.

"그거 참 파아란 게 술 같지 않군요."

그러며 혜선이는 별반 사양도 없이 한 잔을 죄다 마셔 버렸다.

"때론 독약도 마시는 거니까."

그러며 명준은 구수하고 달큰한 맛에 거푸 마시고, 정식이와 혜선이는 첨은 홧김에, 낭중은 술 기분에 여러 잔을 마셨다.

그러더니 혜선이가 인차 오한이 들며 입술이 새파래서 몇 번 떨기 시작하였다. 날씨는 그닥 추운 편은 아니었으나 혜선은 추운 동삼을 만난 듯이 연신 떨려서 몸을 가누지 못하였다.

"하하, 술 오한이 나나 보군요."

명준은 기왕 들은 말이 있어서 아랫목에 내려 눕기를 권했으나, 혜선은 잠시 그대로 쪼그리고 앉아서 떨다가 아무래도 견딜 수 없어 끝내 윗목에 쓰러지고 말았다.

"미안합니다."

혜선은 덜덜 떨면서 명준에게 사과하였다.

"아니, 되려 미안합니다. 고연한 걸 권해서……."

그러며 명준은 윗방 장에서 보료를 꺼내다가 혜선에게 덮어 주었다.

"술 오한이 나면 삼복지간에도 동삼같이 추운 법인데……."

그러며 명준은 정식이와 술 몇 잔씩을 더 나눴는데 정식이도 그만 흠뻑 취하는지 얼굴이 발개지더니 별안간 생각난 듯이

"여보, 여보…… 일어나시오. 일어나요. 인제 주인으로 돌아가야지. 어서!"

하며 혜선의 몸을 흔들었다. 취하긴 했을망정 정성스러운 손길이다.

　그러나 혜선은 아무 대꾸도 없이 눈을 감고 점점 더 몸을 쪼그리기만 한다.

"여보 혜선이, 그만 가야지. 김 선생한테 방해가 아니우. 자아, 어서 일어나요, 일어나."

그래도 혜선은 대꾸가 없었다.

"양주니까 이내 깨겠지요. 자아, 한 잔 더 드시오."

명준이가 그러니까 정식은 술을 받긴 받으면서도 아무려나 눈이 팔리는지 연성 혜선이 편을 내려다보며 걱정하는 표정이다.

"여보 혜선이, 가요. 가…… 어서 일어나라니까."

그러며 여러 번 흔드니까 혜선은 한 마디 되알지게

"가만둬요."

하고 톡 쏘고는 보료로 몸을 좀더 흡싸는 것이다.

그 바람에 정식은 점직해서, 더 말을 못하고 이따금 내려다만 보는데 그러다가는 또 손을 대어 흔들어줄 듯이 하다가 말고 하였다.

그 동작만 보아도 정식의 사람됨과 혜선에 대해서 짝이 기울게 극진한 사랑을 감추고 있는 것이 읽혀지나, 또 그렇기 때문에 둘 사이가 그처럼 싸늘해진 것이나 아닌가고 명준에게는 여겨졌다.

정식은 상기한 붉은 눈으로 한참 실히 혜선이를 내려다보더니만 그만 전후를 잊은 듯이 그의 상체를 벌떡 안아 일구며,

"여보, 여보, 혜선이! 주인 집으로 갑시다. 여긴 주인 집이 아뇨."

하고 외친다. 그래도 혜선은 아무 대답이 없다가 정식이가 정녕 심하게 부둥켜 깨우려고 드니까 잠꼬대 모양으로

"아이 죽겠어. 가만두어."

하고 약간 응석 비슷한 콧소리를 낸다.

"가요, 가. 주인 집으로 가자니까…… 여보, 혜선이, 정신 차려요."

"여기가 주인 집이야. 가만둬."

"아냐. 이거 정말 정신없네. 일어나요, 일어나. 내 업어다 줄 테니."

그러며 정식이가 그의 상체를 안고 뭉개더니만 그렇게 정신없이 누웠던 혜선이가 빽 소리를 지르며 정식이를 턱 밀치고 보료를 몸에 감은 채 윗방에 올라가 쓰러져 버렸다.

정식이는 우두커니 혜선이를 내려다보다가 할 수 없는 듯이 되돌아 앉아서 손수 술을 따라 마셨다.

그리하여 술 한 병을 두 사람이서 모조리 비워 버렸다. 한즉 명준이도 어지간히 취했지만 정식은 짜장 녹초가 되어 아랫목에 곯아떨어져 버렸다. 그의 건강한 얼굴이 술기운을 받아 더욱 터질 듯이 붉어 보였다.

윗방에는 혜선이가 혼자 누워 있는데 여전히 오한이 나는지 몸을 떨

고 있다. 또 윗방은 구들이 늘 차다.

그래 명준은 일어나서 윗방 장 속에서 방석 두 개를 꺼내어 혜선이가 깔도록 그의 곁에다가 깔아 주었으나 그래도 혜선은 덜덜 떨고만 있어서 명준은 끝내 이불까지 꺼내어다 발길부터 소리없이 덮어 올라갔다.

3

그 뒤 정식은 여러 날 만에 명준의 주인 집으로 한 번 찾아왔으나 어디 가는 길이라고 방으로 들어오지 않고 밖으로 가 버렸다. 그리고 그 뒤에 또 한 번 길에서 만났으나 어쩐지 두 사람 다 전보다 더 서먹서먹하였다.

혜선의 말은 물론 아무도 꺼내지 않았다. 뿐 아니라, 그 비슷한 말이 나올 것을 경계하듯이 딴소리를 서두르고 정식은 그만 가 버렸다.

그리고 혜선이는 그 뒤 어찌 된 일인지 끔쩍 오지 않았고, 또 길에서도 만날 수 없었다.

어서 정식의 취직이나 결정되면 세 사람 다 개가운 기분으로 다시 만날 수 있을 것 같고 또 그들 사이를 덮는 검은 그림자를 허칠 것 같으나, 회사의 사정이 아직 그렇게 되지 못했다.

그러던 어느 일요일 날 중낮쯤 해서 정식은 사상이 되다시피 얼굴이 질려 가지고 달려왔다. 와서는 정신없는 사람처럼 눈을 해반닥거리고 손을 내저으며

"혜선이가 죽었소. 혜선이가…… 이걸 어쩌면 좋소?"
한다.

"아니, 죽다니, 거 무슨 소리요?"

명준이도 어인 영문을 몰라 어리둥절했으나 미상불 당황한 맘이 들며

가슴이 쩔렁하였다.

그 죽음에 제가 조금이라도 거들켜 들어가지 않을 수 없을 것 같기도 하였다.

"이걸 보시오."

그러며 정식이가 내놓은 것은 낡은 봉투지 쪼박인데 그 뒷등에 능숙하고 빠른 글씨로

> 내 행장은 사르든지 땅에 묻어 주시오. 그리고 우리 집에도 내 죽었다는 말은 알리지 마시오.
>
> 마지막 날 아침. 혜선.

이렇게 씌어져 있다.

"죽으러 갔어요. 아침 일찍이 나갔는데 그 동안에 벌써 열 번이라도 죽었을 게니 이걸 어쩌면 좋소. 내가 죽였지요. 내가 죽인 거나 마찬가지예요. ……미안하오만 좀 함께 찾아봅시다. 난 이 지방 지리가 서툴러서……."

하고 정식이가 벌벌 떨고 있는데 명준이도 더 생각할 여유 없이 모자를 집어 쓰고 그와 함께 혜선이를 찾으러 나섰다. 명준이도 미상불 당황한 맘이 없는 것은 아니지만 그러면서도 일변 희떠운 자긍심 같은 것이 약간씩 꿈틀거리는 것을 느꼈다.

혜선이를 찾아나서긴 했지만 워낙 경상도 입납이라 그 너른 산, 그 긴 내, 어디 가서 죽었을지를 알아낼 수 있을까. 나서서 둘레둘레 두리번거리니 보이는 산마다 모두 의심스러워 보이나 어디로 갈지를 지향잡을 묘리가 없었다.

그래, 그저 이리저리 얼쭝거리기만 하다가 정식의 말대로 우선 앞내

로 나가 보기로 하였다. 그 내는 거리에서 서너 마장 떨어져 있는데, 그리로 나가는 동안 정식은 길가 우물을 들여다보고 그리고 앞내에 다다르자 댓바람에 빨래하는 아낙들한테로 가서 체면 불구하고

"여보, 이 냇물이 맨 깊은 데 얼마나 깊소? 키가 서오?"

하고 다급히 물었다.

"글쎄 들여다봤을 세 말이지 아마 깊은 덴 키가 서나 봅디다."

"그래 어른의 키가 서요? 어디가 제일 깊소?"

"글쎄 저어기 저어기가 깊은가 봅디다. 해마다 어린애들이 빠져 죽는다는 걸 보니……."

그리고 수다스럽게 생긴 그 아낙은 그 강에 물귀신이 있다는 말과, 물귀신이란 남을 잡아 넣고라야 그 자리를 빠져나올 수 있다는 말과, 그렇기 때문에 해마다 그 자리에서 익사자가 난다는 말을 자발없이 늘어 놓는 것이다.

"물귀신이?"

"아니, 저어기 좋다는 다리가 있는데 다리를 건너면 되지 않소?"

그 아낙은 이 사나이들이 시방 물을 건너려고 얕고 깊은 것을 따지고 있는 것이라고 생각하여 이렇게 발까지 달아 준 것이다.

"아니, 그런 게 아니라 점 그럴 만해서…… 건데, 여기 웬 여학생 비젓한 젊은 여자가 나온 걸 보지 못했소?"

"아니오."

빨래하는 아낙네와 정식의 이런 수어수작을 보다가 못해서 명준은 정식의 소매를 끌고 그 강물을 따라 산 쪽으로 올라갔다.

명준은 고쳐 생각하니 사람이 잘 내왕하지 않는 으슥한 산골짜기 같은 데서 죽으면 죽었지 평전에서 물에 뛰어들었을 성싶지 않았다.

"가령 물에 빠졌더라도 저 산모퉁이쯤일 거요."

명준이는 꼭 그렇게 생각하였다.

"거기서 빠졌더라도 아래로 흘러내려올 거 아니우."

"하지만 사람이란 물에 빠져 죽으면 대개 그 자리에 그대로 꽂혀 있는 법이랍니다."

"이거 시체라도 찾아 놔야 말이지 안 찾아 놓으면……."

"설마 낮에 죽기야 했겠소. 어디 살아 있을 거요. 더 찾아 봅시다. 그런데 어째 죽는단 거요?"

"글쎄 그걸 낸들 알 수 있소. 그 전부터 항시 늘 입버릇 모양으로 죽는다고는 해 왔지만 정작 이러리라고야 누가 생각했소."

"기왕부터는 무슨 까닭에 죽는단 거요. 그래도 무슨 그럴 만한 연유가 있게 그런 거 아니우?"

"글쎄 나두 자세히 모르겠소. 사람이 워낙 성미가 팩하고 빠장빠장해서 그렇지요. 그러니 어디 제 속에 있는 말이나……."

"오늘 아침에 싸운 일은 없소?"

"아니, 별로 쌈이란 건 없고 요지막 늘 어디로 나간다는 걸 못나가게 했더니만……."

정식이가 그렇게 말하는데 명준은 그 이상 더 묻기가 안되어서 그만 두었다.

혜선이가 어디로 나가려고 할 심정의 전부는 몰라도 그 일만큼은 제가 누구보다 잘 안다고 명준은 속으로 생각하였으나 그런 내색은 꼬물도 내지 않았다. 그리고 그는 기왕이면 혜선의 죽음이 오로지 저 때문이었으면 하는 공상을 하고 한편으로는 그러한 제 맘을 누르느라고 무진 애를 썼다.

"그러나 정작 죽기야 했겠소. 화풀이로 그랬겠지요."

"아니, 여간 매무서운 여자가 아니에요. 죽는 걸 그닥 무서워 안해요."

"누구든지 사람은 가끔 죽고 싶은 때도 있고 정말 죽너니라 하는 때도 있지만 그래도 좀좀해서 그렇게 안 되는 거예요. 죽고 싶다는 생각과 죽는다는 일은 땅과 하늘만치 먼 거니까."

그러며 두 사람은 그 부근 산 속을 두루 찾아보았으나 아무 데도 보이지 않았다.

정식은 인제 저도 죽은 사람이라고 하고 제 죽는 건 원통할 게 없으나, 저 때문에 죽은 혜선이가 가엾다고 하여 그만 살아난다면 저는 당장 서서 죽는 대도 한이 없겠다고 그 어리무던한 사람 좋은 얼굴로 징징 울상을 하고 다녔다.

"글쎄 안 죽었을 게니 두고 봐요."

명준이가 그러니까 어떻게 그럴 수가 있느냐고 명준이를 마치 무슨 구세주와 같이 우러러보며 그 연유를 따지려고 드는 것이다.

그렇게 오래도록 불이 나게 돌아다니는 정식은 문득 무슨 생각이 난 듯이

"참, 김 형! 김 형은 먼저 주인 집으로 돌아가시오. 나 혼자 돌아다닐 테니."

한다.

"아니, 동무해서 찾으면 좋지 않소."

"아니, 그런 게 아니라, 그럴 만한 일이 있어 그러는 거니 먼저 돌아가시우. 돌아가서 주인 집에 계시우."

"왜요?"

"만약 혜선이가 아직 죽지 않았으면 꼭 김 형께 들를 줄 아우. 김 형께만은 무슨 말이든지 있을 듯하니 먼저 내려가 기다려 보시우."

"내게…… 내게 무슨 말을 하다니?"

"글쎄 그럴 일이 있어요. 만나보면 알 거 아니우. 그러니 만약에 돌아

오거들랑 꼭 붙잡고 내놓지 마시우. 내버려두면 정말 죽을는지 몰라요.
아니, 꼭 죽을 거예요.”
하는 정식의 말은 인간 파산을 스스로 선언하는 비참한 실토였다.

아무리 사람 좋은 정식이라 하더라도 그런 말은 하고 싶지 않은 것이다. 그러나 직토하지 않을 수 없는 절박한 경우에 이르고 만 것이다. 그는 이 순간 혜선이는 이제 죽든지 살든지 간에 제게서는 완전히 사라지는 사람이라는 것을 의식하였다. 아니, 좀더 나아가서는 혜선이를 명준이한테 빼앗긴다는 것을, 그리고 빼앗겨도 할 수 없다는 것을 의식하였다.

“죽는 사람이 내게 들를 까닭 있소. 또 만일 들렀으면 지금 기다리고 있을 거니까 함께 가 봅시다그려. 안 왔으면 밤까지 기다려 보지요.”
“아니, 김 형이 주인 집에 안 계시면 혜선이가 들렀다가도 쪽지만 써 놓고 또 어디로 가 버릴지 압니까? 그러니 내가 산을 찾아보고 내려갈 테니 먼저 내려가 보시우. 어서.”

정식이가 하도 여러 번 권하고 또 그 말에는 일리가 있는 것 같아서 명준은 먼저 내려왔다. 그러나 혜선은 와 있지 않고 편지 써 놓은 것도 없고 해서 해지도록 기다리고 있었다.

하나, 종시 혜선은 오지 않고 날이 어둑어둑해서 정식이가 산에서 내려왔다. 그는 물론 명준의 집에 혜선이가 있을는지 모르겠다는 일루의 희망을 가지고 내려온 것이나, 그래도 그 집으로 선뜻 들어서기가 무서운지 멀찌감치서 명준의 방을 삐죽이 들여다보고 나지막한 소리로 명준을 청해 내다가 혜선이가 오고 안 온 여부를 물었다.

그리고는 명준이가 그렇게 들어오라고 강권해도 저녁에 다시 온다고 하고 밖으로 돌아가 버렸다.

정식이가 돌아간 다음 한 시간쯤 지났을까 한 때 밖에서 조심스러운 신발 소리가 들려서 명준은 솔깃이 귀를 기울이다가 소스라쳐 뛰어나가니, 아닌게아니라 혜선이가 초연히 문 앞에 서 있다. 그러나 아무 말도 없다.

"올라오셔요.…… 여태 찾아다녔는데 어디 가셨어요?"

명준이가 물어도 혜선은 별말 없이 고개를 떨구고 방으로 들어와서 윗방에 앉았다.

"정식 씨와 둘이서 온종일 찾았어요. 강물과 산골로 돌아다니나 대체 알 수 있어야지요. ……이리 내려오십시오."

명준이가 그렇게 말해도 혜선은 저편으로 고개를 숙이고 대답이 없다.

"거, 어찌 된 일입니까?"

그렇게 명준이가 다그쳐 물어도 대꾸가 없고 아랫방으로 내려오래도 그럴 동정이 없이 가만히 앉았더니 이윽고 그 자리에 엎디어 혜선은 꺼질 듯이 울기 시작하였다.

명준이가 윗방에 올라와 본즉 그의 흰 옷에 할미꽃이며, 마른 풀잎이 여기저기 붙어 있다. 분명 여태 산에서 뒹군 것이다. 그 다음엔 그가 가서 놀 집이라곤 이 바닥에 하나도 없는 것이다. 그러니까 산에 가서 진종일 이리 뒹굴 저리 뒹굴 생각하다가 밤이 드니까 내려온 것이었다.

"울지 말고 이야기나 하십시오."

그러며 명준은 그의 옷에 붙은 풀잎을 하나씩 뜯어 내었다. 머리에 붙은 것도 말끔 떼내었다. 그래도 혜선은 느껴 우는 외에 아무런 동작도 없었다.

"혜선 씨, 일어나시오. 이거 옷과 머리가 말 아닙니다. 이 풀이나 뜯고 이야기하셔요. 자아, 어서."

그러며 명준이가 몸을 흔들어도 혜선은 아무 반응이 없다.

"산에 가서 계셨군요. 어느 산인데 우리가 몰랐을까. 이 머리 좀 보셔요."

그러며 머리를 쳐들려니까 그제사 혜선은

"가만두어 주셔요."

하며 여전히 느껴 우는 것이다.

"그럼 곤하실 텐데 누워서 쉬십시오. 내 곧 정식 씨한테……."

그러다가 명준은 그 말을 해서 혜선이가 어떻게 생각할까 하는 맘과 또는 될 수 있는 대로 제가 그를 우선 위로해 주고 싶은 다심한 생각으로 말을 중동무이하고 보료를 꺼내서 덮어 주었다.

그리고 명준은 다시 아랫방으로 내려와서 두루 궁리하였다. 죽으려고까지 결심하고 나온 지금의 혜선의 기분으로 정식이와 곰곰이 화동할 성싶지 않고, 그러면 제 주인 집으로 순순히 돌아가려고 안할 게고, 그렇다고 남 볼 소견에 제 방 윗방에 기거시킬 수 없고, 안 재우면 남을 야밤에 내쫓을 수도 없고…… 그래서 여러 가지로 두루 궁리하던 끝에 명준은 제가 어느 친구의 집이나 여관에 가서 잘까 하고도 생각하였으나 그도 번차한 일이고 해서 주인 집 안채 뒷방을 내달라 하고 며칠 동안 혜선을 거게 들어가 있게 하고, 그리고 서서히 부부간 화동을 붙이든지 어찌 하든지 하려고 하였다.

남의 불행을 기다리는 인간이언만 또 한편 그 불행을 동정하기도 하는 것이어서 명준은 그 불행한 부부에 대해서 두루 궁리를 하고 있는데 방문을 개갑게 노크하는 소리가 바람만치 낮게 들려왔다.

명준은 대뜸 알아챘다. 그래서 소리가 안 나도록 발소리와 문 소리를 죽여 가면서 삽살 밖으로 나왔다. 생각하던 바와 같이 정식이가 옳았다.

"왔지요?"

정식이가 명준의 귓가를 더듬으며 낮게 그러나 다급히 묻는다.

"왔어요. 들어오시죠."

"아니…… 난 곧 돌아가겠소만……."

"왜요? 괜찮아요."

"아니오."

그러며 정식은 그만 돌아서 대문 밖으로 나가 버렸다. 명준이도 언제까지든지 귓속말로 소곤거리기가 거북하던 차라 정식을 따라 대문 밖으로 나갔다.

"왜 그러시우. 들어가요. 싸울 때는 싸우더라도…… 혜선 씨가 형이 온 줄을 알았을 텐데 돌아가면 되겠소?"

"아니오. 난 살인죄를 면한 것만 해도 천행인 줄 아오. 어떻게 다행한지 알 수 없소. 난 아무도 원망하거나 미워하지 않소. 그저 다행한 생각뿐이오."

"그러니까 서루 용서하면 되지 않소. 쌈이란 인간이 사는 날까지 그칠 배 만무한 거고…… 그러니 좌우간 들어갑시다그려."

"아이구 말두 말우. 내가 들어가면 또 어디 튀어나갈걸. 요행 내 죄를 벗었는데 또 살인죄를 지게요. 난 갑니다. 뒷일은 김 형이 맡으시오. 이제부턴 난 책임이 없소."

그리고 정식은 총총히 어둠 속으로 사라져 버렸다.

어둠 속에 홀로 망연히 섰던 명준은 잠시 지나서야 어시로 급한 걸음으로 정식의 뒤를 따랐다.

'뒷일은 김 형이 맡으시오.' 라는 말이나 '이제부턴 난 책임이 없소.' 라는 말을 고쳐 따져 보니 여간 우스운 게 아닌 것이다. 대체 남의 아내를 맡는다는 것도 가당치 않은 소리러니와 또 맡으라고 한다고 맡아질 것도 십상 아닌 것이다.

물론 가만히 생각하면 정석어와 혜선의 쌈의 이면에는 명준이라는 인물의 그림자가 많으나 적으나 비쳐 있을 것을 명준 자신도 양심상 부정할 수는 없으나, 그러나 오로지 저 때문에 일이 이렇게 된 것이라고는 생각할 수 없었다.

또 경우를 따지면 정식이와 혜선의 쌈은 어쨌든 그 두 사람에서 해결지어야 할 것인데, 정식은 마치 남의 일처럼 디식은한 소리를 남기고 뺑소니를 치다니 생각할수록 까닭 모를 판국이었다.

본시부터 정식이와 혜선의 관계가 괴상하다고 생각하지 않던 터이면 명준은 이날 밤 정식을 정녕 얼간이거나 쓸개빠진 반편이거나 그쯤 생각했을 게다.

그러나 생각하면 그 둘 사이에는 무슨 이상야릇한 인고가 있는 듯하였다. 그래 그것도 알아볼 겸 명준은 정식의 주인집으로 찾아갔으나 정식은 홧김에 술 먹으러 중도에서 삐어졌는지 주인집에는 아직 돌아오지 않았다.

정식의 방에서 잠시 기다려 보았으나 종시 돌아오지 않았다. 한데 밤이 너무 늦으면 제 주인집에 돌아가서 혜선이가 있을 뒷방을 내달라기가 십상 어려울 것 같아서 늑장을 부리고 더 기다릴 수 없어 명준은 그만 주인집으로 돌아왔다. 돌아온 때는 혜선은 일어나 앉아 옷과 머리를 고치고 설움도 잊은 듯이 신문을 보고 있었다.

명준은 그들의 쌈의 경과와 두 사람의 관계에 대해서 몇 마디 물어보았으나 혜선은 역시 거게 대해서는 아무 말도 없었다. 다만 '인제 차차 알게 되겠지요.' 하는 정도의 말뿐이었다.

밤도 깊고 해서 명준은 이야기도 더 못하고 주인 집안 늙은이와 말하고 혜선이가 뒷방에 들어가 자도록 마련해 주었다.

4

명준은 그 뒤 두고두고 궁리해 보아도 맘이 놓이지 않아서 끝내 혜선이와 다시 그전 주인집으로 돌아가는 것이 어떠냐고 물었으나, 간단히 그럴 맘이 바이 없다는 표시만 하고 그담 자세한 곡절은 여전히 이야기하려고 하지 않았다.

그리고 서울로도 다시 올라갈 수 없다는 것이요, 또 기실 털어놓고 말하면 명준이도 십상 그를 영영 멀리 떠나보내고는 싶지 않았다.

허나 그렇다고 언제까지든지 자기의 주인집에 처박아둘 수도 없는 처지였다. 제일왈, 이 부 중에는 단 몇 사람이라 하더라도 혜선이가 누구의 아내인지를 아는 사람이 있으니까 그 부부가 갈라 있다는 것과 더욱 명준의 주인집에 더부살이하고 있다는 것이 크게 오해를 살 일 같아서 명준은 회사에 나가서도 점두룩 꼬박이 그 생각이었다.

그래, 그는 여러 가지로 궁리하던 끝에 결국 한 가지 묘리를 생각해 내었다. 마침 이 부 중에서 한 10리밖에 안 되는 산중에 보현암이란 조고만 암자가 있다. 그 절로 말하면 명준이가 여러 번 다닌 일이 있고 또 그 암자 늙은 여승과는 특히 친면이 두터운 터이다. 그리고 또 워낙 조고만 암자기 때문에 별로 다니는 사람도 없고, 산도 그다지 험준하지 않은 야산이어서 다니기 편하고, 산 아래에 멀리 산촌도 내려다보이고 계견(닭과 개)이 우는 소리도 아득히나마 들려서 그다지 궁벽하지 않았다.

그래, 얼마 동안 혜선이를 거게 가 있게 하려 하였다.

"혜선 씨의 사정은 자세히 모릅니다만 하여간 그전 주인집으로 돌아가실 수 없고 또 서울로도 올라갈 수 없는 사정이라면 얼마 동안 가까운 암자에 가서 수양 겸 계시도록 하면 어떨는지요? 정식 씨와 혜선 씨의 관계를 아는 사람은 다 알고 있으니까 여게 계신 것은 두 분을 위해서 좋지 못할 것 같습니다."

그런즉 혜선이도 곧 거게 동의하였다.

"저도 차라리 산중에 들어가 있고 싶던 참입니다. 그러나 지금 형편이 그나마 안 돼서……."

"아니, 가서 계실 걱정은 마십시오. 그런 문제야 뭐……."

"그럼 오늘이라도 가겠습니다. 김 선생 체면을 위해서도 속히 가는 것이 좋을 것 같습니다. 여러 가지로 미안한 것뿐입니다."

"천만에요. 하나 그렇게는 생각지 마십시오."

"그렇지만 바쁘실 텐데 저 때문에 벌써 며칠이나 부산하셨어요. 그런데 또 절에까지……."

"그렇게 생각하신다면 혜선 씨 계신 동안 절로 가지 않겠습니다."

"아니, 그런 말은 아니에요. 가끔 하이킹 겸 와 주십시오. 안 오시면 도루 이 집으로 내려올 테예요. 그럼 누가 걱정이겠습니까?"

"아니, 얼마 동안은 아주 산중 처사가 된 셈 치고 지그시 들어앉아 공부나 하셔요. 나도 가끔 놀러는 가겠습니다. 한 시간이면 올라가니까 일요일이 아니더라도 갈 순 있어요."

"그럼 날마다 오세요."

"날마다요……? 좌우간 내일 내가 회사에서 조곰 일찌감치 나올 테니 바루 그 길로 올라갑시다. 오늘 미리 준비나 하십시오. 준비라야 뭐 별것이 없겠지만, 그 동안 자실 것 같은 것이나 좀……."

"절에 미리 말하지 않아도 좋을까요?"

"상관없어요. 내가 잘 아는 늙은 여승이 있고 하니 염려 없어요. 그리고 또 정녕 안 된다면 하이킹 간 셈 치고 다시 내려오면 되지 않습니까."

"내려오면 어디 있을 데 있나요?"

"아니, 이 집에 있지 어떻습니까?"

"이 집에요? 이 집에 있는 게 안됐다고 해서 축객을 하시면서 뭘……."

"축객이 아니지요. 높은 데로 모시는 게 아닙니까."

"그럼 절간이 안 되면 다시 내려와도 이의 없으시겠지요?"

"그럼요, 언제든지."

"그럼 가겠어요. 그런데 무엇보다 침구는 있어야 할텐데. 그전 주인 집에 가서 달라기도 안 되고……."

"아니 그런 행장은 죄다 불을 놓으라고 하지 않았어요?"

"차라리 불을 놓아 주었으면 유쾌하겠습니다."

그리하여 그 이튿날 오후에 명준은 혜선을 데리고 보현암으로 올라갔다.

산길도 그다지 높지 않고 경치도 하 고이찮은 편이었다. 좌우 길녘에는 그다지 크지 않은 소나무들이 성기게 서 있고 좀 너른 골짜기 돌밭으로는 시냇물이 좔좔 소리쳐 흐르고 있고 이름 모를 산새들이 손님을 반기듯 비비배배 울면서 날아오고 날아가고 한다. 오래 잃었던 마음의 고향으로 돌아온 것 같았다.

"참말 산도 물도 오래간만인데, 하두 오래간만이니 예서 한숨 쉬고 갑시다."

명준이가 먼저 시냇가에 앉았다.

"참 좋군요. 모든 어지러운 것을 죄다 씻어 버리는 것 같군요."

그러며 혜선이도 명준의 곁에 나란히 앉았다.

"서울 같은 도회지에 살던 사람은 견디기가 좀 어려울걸요. 어디 얼마 동안이나 견디나 봅시다."

"염려 마셔요. 하지만 김 선생이 늦어도 하루 걸러만큼은 오셔야지요. 그러지 않으면 지가 쫓아 내려갈 테에요."

"아니, 나두 자주 올 테니 제발 산 속에서 오래 수양하십시오. 얼마나 신선하겠습니까?"

"그리게 자주 와 주셔요. 그리고 또 무슨 서적 같은 걸 오실 적마다 많이 갔다 주셔요. 날마다 이까지 나와서 기다리겠습니다."

"그러나 혹시 안 오는 날이라도 욕은 마십시오."

"그러나 그 날은 이 시냇가에서 밤새도록 기다리겠어요. 그건 내 자유겠지요."

"아니, 그건 안 돼요. 안 돼요."

"안 될 거 있습니까? 곁에 누구 못하게 할 사람이나 있어야 할 수 없는 것이지 아무도 없는데 왜 안 되겠습니까?"

"내 날마다 올 테니 이까지 나올 필요는 없습니다. 여게는 위험합니다. 산즘생이 있거든요."

그러다가 다시 일어나서 절로 향하여 올라갔다. 절 앞 높은 고개를 올라가려니까 땀이 칠칠 흘러내려서 절에 가서 늙은 여승에게 온 뜻을 말하기 무섭게 그 앞 도랑에 나가 명준은 벗어부치고 땀을 씻고 세수를 하였다.

"어이 더워. 세수를 하니까 살 것 같은데…… 혜선 씨도 땀을 좀 씻으시죠. 윗동을 벗고……."

"전 그만두겠어요."

혜선은 핸드백 속에서 분첩을 꺼내 들고 땀에 씻긴 얼굴 화장을 고치고 다시 절간으로 들어왔다.

그 동안 늙은 여승이 방을 말끔 치워 놓았다. 들어서 보니 좀 퀴퀴하고 이상한 냄새가 나는 듯하나 조용해서 좋았다. 오늘 밤부터 이것이

내 방이어니 생각하니 혜선은 어째 대견한 맘도 드나 또 한편 서글프기도 하였다.

명준은 혜선이가 이 조고만 암자나 또는 구지레한 방을 나무라지 않는 것을 우선 다행히 생각하였다. 혜선은 별로 큰 불만이 없는 것 같았다. 뿐 아니라, 와이셔츠 칼라를 풀어 버린 명준의 목덜미에서 조고만 쥐젖을 발견하고는 좋아라 시시덕거리는 혜선이었다.

해질 무렵부터 보현암 쇠북 소리가 요란히 산곡을 울리기 시작하였다.

명준은 인제 돌아가야 할 것을 생각하며 혜선에게 위안 비슷한 말을 하다가 문득 자리를 일어났다. 혜선은 별로 붙잡으려는 동정도 없이 따라 일어났다.

"참말 내려가시겠어요?"

"너무 늦으면……."

"호랑인 없겠지요?"

"하하하…… 글쎄."

그러며 가지런히 서서 암자 앞 꼬분길을 돌아 앞고개까지 걸어오는 동안 두 사람의 발길은 한결같이 뜨고 무거웠다.

"날마다 오후면 참말 이 고개에서 기다리겠어요. 저 아래 시냇가보다 여기가 높아서 내려다보기 좋군요."

애오라지 웃어 보이는 혜선이었다.

"그리다가 안 오면……."

명준이도 웃었다.

"오실 때까지 여기서 기다리지요."

산은 고요하다. 이따금 머리 위 나무 사이에서 산새들의 푸드득하는 소리가 들릴 뿐. 그리고는 또 고요해진다. 그러면 저 아래 시냇소리가 무슨 속삭임같이 가늘게 아슴푸레 들려온다.

"그만 들어가시지요."

명준이가 여러 번 들어가기를 권하였으나 혜선은 그저 다소곳하고 들은숭만숭 뜬걸음을 옮겨 놓고 있다.

"인제 들어가셔요."

명준은 혜선의 앞을 막아 서며 그의 팔을 잡아 돌려보내려 하였다.

"괜찮아요."

"들어가는 걸 보고야 내려가겠습니다."

"전 내려가시는 걸 보고야 들어가겠습니다."

그리고 두 사람은 마주 선 채 웃었다.

"그리지 말고 들어가셔요."

"김 선생이 안 보일 때까지 섰다가 들어가겠으니 어서 내려가셔요."

고개 아래 산굽이 하나만 돌면 명준은 보이지 않을 것이다.

"내일 오후에 또 오겠습니다."

그리고 명준은 고개 아래로 걸어 내려왔다. 내려오면서도 힘써 뒤를 돌아보지 않았다. 얼른 산굽이만 돌아 버리면 혜선이도 이내 돌아가 버릴 것이다.

그러나 거진 그 굽이에 이르렀을 때 명준은 뒤에서 이상한 소리를 들었다. 순간 그는 이마가 섬뜩하였다. 그러나 뒤미처 또 그보다도 좀더 크게 느끼는 소리가 들렸다…… 명준은 저를 잊고 홱 돌아섰다.

그 고개 위에 펄썩 쓰러진 한 그림자는 분명 혜선이었다. 그의 어깨가 가늘게 떨리는 것까지 보이는 것 같았다.

그리고 그 가늘게 느끼는 소라가 고요한 산길을 미끄러져 명준의 발 아래에 와서 애오라지 그의 몸을 울라는 것도 그는 정녕 느낄 수 있었다.

명준은 무아몽중이 되어 되돌아서 고개로 달려 올라왔다.

"혜선 씨! 혜선 씨……."

이윽고 혜선은 명준의 두 팔에 의지하여 일어섰다.

"혜선 씨! 왜 이러십니까?"

"가만 내버려두고 내려가세요."

"울지 마셔요."

"다신 안 울게 내려가셔요."

"자아, 이 옷 좀 보십시오."

그러며 명준이가 먼지를 털어 주려니까 혜선은 뿌리치듯 돌아서 반달음을 쳐 암자 쪽으로 가며 두 눈을 싸쥐고 좀더 높은 소리로 느껴 우는 것이다.

그러나 혜선은 다신 이편으로 머리를 돌리지 않았다. 명준은 그제야 다시 돌아서 고개 아래로 내려왔다.

날은 이미 어둑어둑해졌다. 명준은 내려오는 도중 여러 번 뒤에 이상한 소리를 느끼고 돌아다 보았으나 물론 아무것도 있을 턱이 없었다.

5

그 며칠 뒤 명준은 오래간만에 태우라는 동무의 집으로 놀러 갔다. 태우는 이제 겨우 스무 살이 갓 넘은 청년이나 일찍 동경 가서 사립 대학에도 다닌 일이 있고 또 원청강 조숙한 사람이어서 대개 저보다 연장인 동무들과 사귀는 터였다.

그래 저보다 3, 4세 이상인 명준이와도 허교하고 지내는 사이였다. 두 사람은 학문상으로는 별로 공명되는 점이 없었지만 인간적으로는 퍽 친근한 편이었다.

태우의 집은 이 지방에서는 이름난 무역상이나 태우는 장삿길과는 인연이 먼 문학을 공부하는, 더욱 시를 좋아하는 청년이라, 아직 미혼으로 해맑고 청수하다.

명준이와 태우는 오래간만에 만나서 이런 이야기 저런 이야기를 주고받은 끝에 태우가

"요새 한번 절로 안 가려나? 나 어느 절간으로 가 볼까 하는데…… 약도 좀 먹고 공부도 좀 하고…… 마침 함께 갈 좋은 동무도 있고 해서……."

하는데 명준이가 펀뜻 연상한 것은 혜선이가 있는 보현암이었다.

혜선이가 심심해서 못 견디겠다고 하고 일도 바빠서 자주 갈 수 없는데 혜선은 날마다 오지 않는다고 갈수록 성화를 시키는 판이라, 태우가 가 있으면 여러 가지로 위안도 될 것이고 그러면 저를 가지고 조르는 일 덜하리라 싶었다. 또 태우로 말하면 품행이 방정한 사람이요, 더욱 여자 문제 같은 데는 아직 조금도 티가 없는 청년이었다.

"아니, 최 군, 그리 말고 보현암으로 가 보라구. 거기가 가깝고 또 조용하고 좋지 않어?"

명준이가 권하였다.

"보현암? 그건 여승당이 돼서……."

"하지만 늙은 중들뿐인데…… 그러면 성의 구별이라는 걸 모르겠데."

"아니, 그래도 여승당은 어째 물냄새까지 암내랄까 비리비리한 게 매스껍데그려."

"이 사람아, 그래도 자네 집에서도 춘추로 기도 지내러만 잘 다니데. 비리비리한 물이 실상은 좋은 거야. 약수 먹어 봤나?"

"하긴 그 절과는 잘 아는 터이고 또 우리 집 쌀섬이나 착실히 갔을 거네만 난 좀더 깊숙한 산중으로 갈까 하는데……."

"아니, 그런 게 아니라 자네가 좀 가 있어야 할 사정이 있네."

그러며 명준은 웃었으나 태우는 물론 그 웃는 이유를 알 턱이 없었다.

"사정이란 뭔가?"

"다른 게 아니라 내가 잘 아는 서울 여자가 지금 거기 가 있는데 난 잘 모르는 일이지만 그도 문학을 좋아하나 부데. 그러니 자네가 가서 노는 입에 염불로 문학 얘기도 좀 해 주고…… 그럼 자네들도 심심치 않을 게 아닌가."

"그래, 나를 생각해서 그러니 고마우이."

"이 사람 그래 좋지 않구 뭔가."

"수양을 간다는 사람들이…… 에이, 그만들 둘라네. 남 오해나 사게."

"하지만 다른 동무와 함께 간다면서? 그리고 자네 같은 얌전이가 오해 살 일 있나? 그리 말고 그리로 하게."

"글쎄 아직은 모르겠네. 같이 갈 동무와도 상론해 봐야겠고. 또 언제쯤 떠날지도 아직 미정이네."

"될 수 있으면 이내 가도록 하게. 나도 가끔 놀러 감세."

"건데 그 서울 여자란 어찌 된 사람인가? 자네와 촌수가 어떻게 되나? 일촌쯤 되나?"

"온, 천만에…… 그저 잘 아는 사람인데, 사정이 퍽 딱해서 내가 그리로 소개해 보냈어."

"자네 하이킹을 잘 하겠네. 마라톤 공부도 될 거고……."

"아냐. 자네, 만나 보면 알겠지만 그런 사람이 아냐. 웬만한 사람이면 자네한테 소개하겠나. 가 보게."

"글쎄 두고 보세."

그 날은 그만침만 말하고 헤어졌는데, 그 며칠 뒤 태우와 그의 동무

한 사람은 결국 보현암으로 가게 되었다.

행구와 책자와 식료 같은 걸 배낭에 그득 넣어 가지고 떠나가는 날 명준은 혜선에게 간단한 편지라도 써 보낼까 하다가 말고 태우에게 수일 내로 한번 놀러 가겠다고 일러 보냈다.

그러한 뒤 며칠 만에 명준은 보현암으로 갔다. 간즉 그 동안 태우와 혜선은 인사한 모양이나 별로 자주 만나서 이야기까지는 되지 않은 듯 했다. 또 혜선이도 태우와 피차의 인상이라든지 무슨 감상 같은 걸 명준에게 말하는 일이 없었다.

그래서 명준은 두 사람이 성격적으로 서로 맞지 않은 데가 있는가 하고 거기에 대해서는 전혀 혜선에게도 태우에게도 말하지 않았다. 그 날 저녁밥은 혜선이, 명준이, 태우와 그의 친구, 이렇게 네 사람이 한자리에서 먹었다. 그래도 주장 명준이와 태우가 무슨 말을 바꿀 뿐으로 가외의 사람들 사이에는 별로 오고가는 말이 없었다.

그러나 그 담번에 명준이가 갔을 때는 태우와 혜선은 많이 친숙한 눈치였다. 소설이니 시니 하는 따위 명준이가 잘 모르는 이야기를 하고 또 이따금 농담 비슷한 소리들도 하였다.

"최 선생은 처음 뵈었을 때 어디서 많이 뵈온 것 같아서 어디서 뵈었나 하고 생각했더니만 서울에 꼭 같은 사람이 있어요."

하기도 하고, 또

"최 선생은 꼭 서울 사람 같은데 말씨는 완전히 향토주의니."

하기도 하는데, 태우는 들은숭만숭이나 그것이 일부러 하는 들은숭만숭인 것이 빤히 보였다. 그래 명준은 혜선이가 위안을 얻는 것이 우선 반가웠으나 한편으로 야릇한 생각이 드는 것을 스스로 어쩌할 수 없었다. 그는 힘써 그런 옹졸한 생각을 가지지 않으려 하였으나 무연한 가운데서 그것은 커 갈 뿐이었다.

그 담번에 명준이가 보현암으로 갔을 때에는 그런 맘이 좀더 커졌다. 명준은 완전히 배반당한 것 같은 심정이었다. 저라는 사람은 인제 이 보현암에는 더 필요 없는 존재인 것 같았다. 아니 필요 없을 뿐만 아니라 남에게 방해될 존재인 것 같았다. 혜선은 명준이와 이야기하는 것조차 꺼리는 때가 있고, 그 대신 태우와는 아주 무간하게 이야길 하고 또 무간하게 이야기하는 것을 보이려는 태도다.

태우만은 힘써 그런 내색을 보이지 않으려 하고 또 원청강 사람됨이 냉정한 편이어서 시치미를 뚝 떼고 있는 것이지만, 그러면서도 어딘가 혜선이가 고스란히 제게 열중해 있다는 것을 의식하고 자긍하는 것 같은 싸늘한 오만이 보이는 것이다. 또 그 오만은 제 얼굴에서 빼앗아간 것 같고 따라서 제 얼굴은 그만큼 허전해진 것 같았다. 그 날은 명준이가 내려올 때에도 혜선은 언제 다시 오겠느냐고 묻는 일도 없었다. 또 가령 묻는다 해도 어서 오기를 바라서 묻는 소리가 아니라 별안간 그들의 세계를 유린할까 봐서 하는 소리로 명준은 넘겨 들었을 것이다.

그 뒤 명준은 다시 보현암으로 가지 않기로 결심하였다. 그 결심으로서 제가 어째 태우를 그리로 보냈던가 하는 후회와 또는 얼마 전까지도 보현암에 돌아올 때마다 울듯울듯하던 혜선을 어이해서 주체궂게 생각하였던고 하는 자책을 누르려 하였다.

지금 와서는 혜선이를 위해서 좀더 제 몸을 풍우 속에 던졌어도 좋았을 것이요, 남의 이목에 올려도 상관없을 것이라 생각하는 명준이었다.

저는 너무 소극적인 사람이요, 약한 사람인 것 같았다. 그리고 지금 그 소극적인 것과 약한 것의 갚음을 받는 것이 누구를 탓하랴 하는 생각으로 다시 더 보현암 일사는 생각지도 보지도 않으려 했다. 그러던 어느 날 명준은 어떤 동무에게서 태우가 절에서 돌아왔다는 말을 들었다.

그간 만일 내려왔다면 꼭 저를 찾아올 것인데 하는 생각도 있었지만 그보다 본시 냉정한 태우가 혜선에게 그만 싫증이 나서 내뺀 것이나 아닌가 하는 생각이 앞서서 명준은 더 생각할 여유도 없이 그 날 점심 때쯤 해서 태우의 집으로 찾아갔다.

"아니, 내가 찾아가려던 중인데."

웃는 태우의 얼굴이 붉어지는 것은 또 모르겠으되, 그보다 그가 시방 분주히 짐을 꾸리고 있는 것이 더욱 짓궂이 시선을 끌었다.

그런데 또 그 짐 속에서도 과자와 통조림과 양주, 그리고 또 그보다도 옷감인 듯한 것을 종이에 싼 것이 더구나 유표히 보였다. 언제든지 양복만 입는 태우가 별안간 조선 옷감을 살 리가 없는 것이고 또 설사 샀다 하더라도 산으로 가는 배낭에 그것을 넣을 턱이 없는 것이다.

"아니, 언제 내려왔나?"

명준은 힘써 덤덤한 얼굴로 물었다.

"어제 늦게야 왔어. 내 올라가던 길에 자네 회사에라도 들를까 했는데 마침 잘됐네."

"그래, 또 올라가겠나?"

"아마두 가야겠네. 짐도 그대로 있고 또 함께 간 동무가 기다리고 있으니……."

"오늘 가겠나?"

"글쎄, 오늘 못 가면 낼 가고 낼 못 가면 모레 가지. 내일이 내무진인데 뭐 그리 바빠 할 게 있나?"

하면서도 태우는 짐을 싸기에 바빴다. 과자서껀 옷감서껀 배낭에 잘 들어가지 않는 것을 억지로 날래 처넣으려고 급한 손질이 약간 떨릴사 했다.

그리고 다 싸더니만 태우는 이마의 땀을 씻으며

"마침 잘됐네. 점심 먹으러 가세."

하고 모자를 집어 썼다.

"점심? 점심은 여기서 국수나 청해다 먹게."

"아니, 글쎄 일어나게."

그래서 두 사람은 일어나 거리에 나와 어느 청요릿집으로 들어갔다.

요리가 들어오자 태우는 명준에게 연성 술을 권하고 자기도 거푸 마셨다.

"아니, 어째 이렇게 몰아치는 건가. 천천히 먹세그려."

명준이가 웃은즉 태우는

"아냐. 오래간만에 술을 먹으니까 역시 좋은데."

하는 딴소리를 하며 저도 늘어진 태도를 가지려 하나 그래도 아무려나 다급해만지는 태우였다.

"참말 자네 술이 많이 늘었나보이. 아까 보니까 양주를 다 사 가지고 가데그려? 양주 먹는 건 본 일이 없는데."

"아니, 그런 게 아니라 요샛날은 뭣보다 양주가 위생적이요 경제적이데. 다른 술들은 무슨 약품을 섞었는지 골치가 아파서……."

"그럼 오늘도 바에 가서 양주나 할 걸 그랬지?"

"아니 언제부터 술이 그렇게 늘었나? 양주 생각을 다 하고……."

"아냐, 자네가 좋아한다니깐 말이세. 그리고 또 사람 먹는 건데 뭘 못 먹을 게 있나. 요샛날은 여자들도 곧잘 먹데그려."

명준이가 그러며 웃으니까 태우는

"참말 여자마따나 그 사람 말이야, 본래 뭘 하던 여잔가?"

하고 취담 비젓이 꺼냈다.

"혜선이 말인가? 글쎄, 나도 잘 모르겠네."

"모르다니? 그 때는 잘 아는 사람이라지 않았나?"

"왜, 어쨌나?"

"어쩐 게 아니라, 첨 보는 사람더러 과자두 사오너라, 뭣두 사오너라 하니…… 자네가 구찮아서 책임을 내게 떠넘길 때에야 무론 까닭이 있겠지만. 하하하……."

"그러나 자네야 그만한 선심을 쓸 수 있는 사람이 아닌가. 그러니까 사 달라고 한 거겠지……."

"가부간 이내 서울로 보내 버려야겠데. 그러다가 무슨 지질한 변을 만날 것 같데. 가만히 보니까 무슨 연고가 단단히 있는 여자야. 금시 좋아하다간 고대 울고, 울다간 또 웃고……."

"아마, 서울 보내 주는 게 좋겠지. 여비는 내라도 보태 줌세."

"아마 그렇게 해야겠어."

그리고 두 사람은 거게 대해서 별로 딴 이야기를 더 하지 않았다. 그 이상 더 캐는 것은 피차 괴로운 일이었다.

그리하여 두 사람은 갈라졌다. 태우는 물론 그 날로 다시 보현암으로 올라갔다. 그러나 명준은 여전히 첨의 결심을 지켜 다시 그리로 가지 않았다. 물론 이따금 가 볼 생각도 있었으나 그 이상 더 저의 졸한 몰골을 혜선에게도 태우에게도 보이고 싶지 않았다. 그저 대범한 얼굴로 갔다 온다면 누가 뭐라고 할까만, 그래도 다른 사람은 다 몰라도 혜선이와 태우만은 제 속을 빤히 들여다볼 것 같아서 그것이 싫었다. 그리고 또 첫째 덤덤한 얼굴로 혜선이를 대할 수 있을까 하는 것도 의문이었다.

6

명준은 한동안 잊었던 정식의 취직에 대해서 생각할 맘의 여유를 가지게 되었다. 그리고 오래간만에 한번 그를 찾아가서 위안해 주었다.

허나 정식은 그전처럼 고마운 표정도 아니요, 그렇다고 몹시 꺼리는 것도 아닌, 그저 되는대로 되어라 하는 디식은한 태도였다.

그리고 혜선에 대해선 두 사람 다 아무 말도 비치지 않았다.

정식은 그 동안 겨울 양복도 잡혀 먹고 요즈막엔 봄양복까지 마저 잡히고 퇴색한 여름 양복을 입고 다녔다.

양복 저고리와 바짓가랑이 쩌르고 홀랑해서 보기가 우스우나 그런 데는 별로 개의치 않는 정식이었다. 그리고 주인 집 밥값도 한 달 이상이 밀려서 혜선의 짐을 전당잡히다시피 맡겨 두고 그러고도 여일 졸리나 그런 대로 주리참듯 견디어 갔다.

명준은 정식을 만나고 온 뒤로 몹시 마음이 어두워졌다. 돈을 보내 준다든가 취직을 주선해 준다든가 하는 것으로는 도저히 그를 구원해낼 것 같지 못하고 또 제 성의가 다해질 것 같지도 않았다.

명준은 어두운 그날 그날을 보내고 있었다. 그러던 어느 날 불의에 태우가 명준을 찾아왔다.

"혜선이가 갔지. 참 앓던 이 뺀 것 같네."

태우는 들어오잣바람으로 이런 말을 하며 혜선이도 명준이도 나무랄 사 하는 어조다.

"갔어…… 어디, 서울로?"

하나 그 순간 미상불 무슨 고경(힘든 상황)에서 구원을 받는 것 같은 명준이었다.

"글쎄, 제 말은 서울 간댔는데 어쩔지 모르지. 차표를 사 준다니까 그만두고 돈을 달래데그려. 그리고 정거장에도 나올 필요가 없구 아무두 몰래 가겠다구."

"거, 공연한 애만 썼네그려."

"에이, 무서운 학질이야…… 돈은 얼마나 탈났는지 아나? 재수 사나울라니 참…… 그러나 자네 한 일을 원망할 수도 없고……."

"좌우간 그리 된 걸 어쩌겠나만 그 돈은 내가 냄세."

"천만에, 자네가 내면 어떻고 내가 내면 어떤가. 기왕이니 운수 사나운 내가 아야 모다 냈지. 별수 있나?"

"글쎄 그렇게 생각한다면 더 말할 게 없네만……."

"그런데 참 자네 보료서껀 말이야. 혜선이가 쓰던 거, 그거 우리 집에 내려다 뒀네."

"자네도 아주 내려왔나?"

"그럼. 며칠 묵어서 이번은 아주 심산으로 갈 참일세."

"심산으로?"

명준은 이 밖에도 여러 가지 알고 싶은 말이 많고 또 혜선이가 간다면 그래도 한번 그런 말이나 하고 가얄 게 아닐까고 생각이 들었으나 이 일사에 대해서는 이런 것 저런 것 싹 쓸어 덮으려 하였다. 그로부터 한 일주 뒤에야 명준은 태우가 서울로 간 것을 알았고, 또 서울서 태우와 혜선이가 극장 구경을 함께 가는 걸 본 사람이 있다는 소문을 들었다. 전후 사정을 찬찬히 따져 보면 그럴 법도 한 일이건만, 그래도 어쩐지 명준은 놀라운 사실을 들은 것 같았다. 아니, 들었으면 싶은 소문이기도 하였다.

명준은 딴에 그런 소문을 들었기 때문에 조금치나 심화라든가 말의 동요라든가가 있을 턱이 없다고 스스로 강심먹고 또 그 때문에 못 먹는 술이 키이는 것이라고도 생각지 않았으나 어쨌든 그 날은 유별히 술이 과했다.

그는 연성 가슴 밑에서 무엇이 울컥 치미는 것을 깨달았다. 그는 얼마든지 오늘 밤은 술을 먹어야겠는데, 혼자 먹을 수도 없고 또 어쩐지 정식의 생각이 각별해서 그를 찾아가 끌고 나왔다.

"아니, 내가 어디 술을 먹소."

하고 정식이는 첨은 사피하려고 했지만 명준이가

"혜선이 도망간 걸 알우? 그 얘기 좀 들어 봐요."

하는 바람에 솔깃이 귀가 끌려서 마치 육초 본 강아지처럼 명준의 뒤를 따라 나온 것이다. 정식이는 무엇보다 혜선이가 이 지방에서 떠난 소식을 듣고 싶었던 것이다.

명준은 제가 혜선일 보현암으로 보낸 것은 그로 하여금 얼마 동안 정신을 안정케 하여 다시 정식에게로 돌아가게 하자는 내심에서 그런 것이라고 말하고, 이어

"부부간 쌈이란 칼로 물베기거든. 그러니까 화동만 하면 그만이지만 그러나 죽으려고까지 한 사람을 섣불리 그만 글다고 해서는 안 될 거고 해서 당분간 절에 가서 맘을 좌정하라고 한 건데…… 그런데 그는 종시 내 뜻을 모르고 도망을 갔단 말이오. 도망을 가도 예사 도망이 아닌갑디다."

명준은 이제 와서는 이렇게밖에 둘러댈 말이 없었다.

지금 와서 생각하니 혜선을 보현암에 데려다 둘 때와 그 뒤의 자기는 완전한 한 개의 성자였어야 할 것이요, 그랬더면 지금 얼마나 큰소리를 할 수 있을 것이랴 싶었다.

하나, 누가 무어래겠든지 저는 그다지 양심에 부끄럼이 없는 듯하였다. 물론 전혀 없다고는 할 수 없으나 그러나 맘의 욕심이 큰 데 비하면 제가 양심을 속인 순간은 지극히 짧고 적고 희미하니까, 지금으로 보면 그것은 전혀 없었던 것이나 마찬가지요, 그러니까 양심에 부끄러울 것이 바이 없는 것 같았던 것이다.

그러나 정식은 명준의 말을 듣는지 마는지 고개를 숙이고 가만히 앉

앉더니

"아니, 그런데 나 여태 김 형에게도 말을 안했소만 혜선은 내 아내가
아니오."

하고 별안간 의외의 말을 고백하였다.

"아내가 아니라니?"

"아니에요. 다만 잠깐 그럴 사정이 있어서 남의 눈을 속였던 것뿐입니
다."

"그럴 사정이라니 뭣 말이오?"

"그 얘길 다 하자면 한이 없고 또 아실 필요도 없는 얘기오만……."

하고 정식이가 말하는 데 의하면, 혜선은 정식의 동무 강이라는 사나이
와 사랑하던 사이였다. 사랑하는 사이라는 것보다 혜선이가 외톨로 강
을 몹시 따르고 좋아하였다.

강은 청년 의사로 재사요 또 미남자로 항상 그의 주위에는 화제에 오
르는 여자가 한둘이 아니었다.

또 그는 여자를 낚는 재주도 용커니와 낚을 때부터 떠바칠 예비를 하
는 솜씨가 더욱 뛰어난 사람이다.

그런 중에도 혜선이는 가장 그에게 단단히 걸렸다가 너무도 빨리 무
질려 버린 피자 떨어진 가엾은 꽃이다. 그 때 이 가엾은 꽃을 가장 동정
한 사람은 바로 정식이었다. 정식이에게는 강이라는 동무가 아름다운
화원을 짓밟는 이리와 같이 보였다. 또 그러는 반면에서 혜선을 동정하
는 맘이 더욱 커졌다.

정식은 자기의 온 세계를 잃고 미칠 듯이 헤매는 혜선을 날마다 위로
해 주었다. 죽음의 한발 앞에 선 혜선을 구원해낸 것도 정식이었고, 강
이라는 사나이가 끝내 회개하지 않으면 되게 응징을 해 주리라고 별러
온 것도 정식이었다.

그리하여 혜선에게 있어서 정식은 인생의 가장 큰 비밀을 하소할 수 있는 유일한 상대자가 되었다. 무슨 사정이든지 정식이에게만은 마음을 놓고 고백할 수 있었다. 그리고 정식에게 고백하는 것은 곧 강이라는 사나이에게 제 뜻을 전하는 방법인 것같이도 생각하는 혜선이었다.

그런데 또 정식이란 위인이 고지식하고 어리숙하고 좀더 박아 말하자면 사람이 좀 모자라는 것 같아서 무슨 말이든지 하기 좋았고 심부름 시키기가 좋았다. 사실 또 정식은 언제든지 혜선에게 충실하였고 좋은 말로 위안해 왔다.

그래서 혜선은 정식의 말을 믿느니만치 강이라는 사나이는 언제든지 다시 제게로 돌아온다고 믿었고 그래 끝까지 사랑하려고 들었다.

그러나 실상 강은 벌써 혜선이를 잊은 지가 오래었다. 혜선이가 몸이 달아할수록 강의 마음은 식어 갔다.

그럴 때 정식이가 시골에 취직이 되어서 서울을 떠나게 되었다. 유일한 동정자를 잃는 혜선은 저도 당분간 시골 가서 맘의 상처를 고쳐 보리라 마음먹고 정식을 따라 시골로 왔던 것이다.

오고 보니 따로따로 있을 수가 없고 해서 부부간이라고 했으나 물론 동거는 하지 않았다. 각처하는 것을 주인 집에서 이상히 생각하기 때문에 혹은 신병 관계라고도 해 보고 혹은 아직 약혼만 한 사이라고도 일러와서 주인 집에서도 이 젊은 남녀를 무어라 부를지를 몰랐다. 정식의 말을 듣고 보니 명준은 여러 가지 의심되던 점이 해혹되었다.

"어쨌든 단단히 타락한 여자야. 그런 걸 모르고 속았담. 엥히, 남자란 모다 얼간이야. 얼간…… 나부터…… 김명준부터."

명준은 술김에 더욱 흥분되어 고래고래 소리를 질렀다.

"그래 김 형도 그를 좀 사랑……."

"사랑? 사랑이란 대체 뭐 말라 죽은 거요. 그까짓 잡것을…… 분명 잡

것이야. 아니면 내 손바닥에 장을 지지란 말이오. 박 형이 사실대로 직토해 주니 말이오만 그날 밤, 왜 우리가 양주 먹던 날 있지 않소. 바루 그날 밤 그가 윗방에 올라가서 눕지 않았소. 그래 내가 이불을 덮어 주려니까 별안간 내 손을 꼭 잡고…… 그 때 박 형은 술이 취해서 곤죽이 됐습네. ……에이, 말두 말우."

명준은 취한 김에 묻어 두었던 분풀이를 이렇게 풀기 시작하였다.

"아니, 손을 잡아? 누가, 김 형이 말이오?"

"내가 왜…… 이건 말을 듣소 먹소."

"아니, 그게 정말이오? 하아, 그게 정말이오…… 그런 계집이 내겐…… 아니, 그게 정말이오?"

"정말 아니면 그런 거짓말이 어디 있소. 여태꺼진 혜선의 정체를 몰랐으니까 그랬지만……."

"그래 그게 정말이라? 아냐, 그게 여간 깜찍한 계집이 아닌데. 암만해도 난 믿을 수 없어. 글쎄 잘 때마다 제 방을 안으로 자물쇠를 잠갔다니까. 지금이니 말이오만 그가 자살하려고 한 것도 기실은 내가 성가셔서 그랬던 거요. 그러니 그게 온……."

"글쎄 못 믿어도 할 수 없죠…… 하지만 그가 보현암에서 한 얘길 한다면…… 에이, 그만둡시다."

"아니, 어떻게?"

"그만둡시다."

"글쎄 그렇겠지 고게 어떻게 깍정인데……."

"깍정이라도 별수 없습디다."

"……그리구 내 보현암에서 내려올 때마다 그가 땅바닥에 엎으러져서 느끼는데 어떻게 혼난 줄 알우? 아주 죽을 뻔했다니까."

"아니, 그가 우는 거 말이오. 그가 느껴 우는 건 반드시 그전 강이란 사

나이 때문이오. 나도 여러 번 경험했소.”

“관둡시다, 관둬요.”

“아니, 김 형은 또 모르겠소만…… 에이…… 내가 병신이야. 내가……
글쎄, 그걸.”

“인제 그런 얘긴 관둡시다. 술이나 드소.”

“그래, 혜선이가 언제 갔어요?”

“인제 여러 날 되우. 자아, 술 드소.”

“여러 날? 그래, 김 형이 보내 주었소? 여비서껀 해서…….”

“그런 얘기 인제 그만두자니까.”

“아니, 바루 서울로 갔소?”

“하아, 이거 큰일났군. 거실없이 변인데…… 서울 갔으면. 그래 따라갈
테요? 그까짓 것을…….”

그리고 명준은 끝내 혜선이가 태우와 배가 맞아서 달아났다는 말은
하지 않았다. 그것은 그에게 제일 아픈 이야기였기 때문이다.

두 사람은 술이 만취해 가지고 비틀비틀 행길로 걸어나왔다. 한 사람
이 엎어지면 한 사람이 잡아 일군다는 게 저마저 그 위에 넘어져서 뭉
개고 그러다가 일어나서 또 어깨동무로 휘줄거리고 다녔다.

“참, 이 정신 보게. 박 형 취직이 불원간 될 것 같소. 안심하오.”

“취직?”

그러나 정식의 대답은 아주 디식은하였다. 돼도 좋고 안 돼도 좋다는
말투다.

“며칠 안으루 꼭 될 거요. 그리고 참, 그 동안 군색할 텐데.”

그러며 명준은 다리를 벌리고 서서 주머니를 이리저리 뒤져 보더니
돈을 한 줌 꺼내어 정식의 주머니에 넣어 주었다.

“그거 뭐요?”

"글쎄 넣어 둬요. 그리구 또 필요하거든 얼마든지 청구하우. 내 얼마든지 주지 줘. 달란 말 안 해도 드리지. 드리다뿐이겠소."

"김 형! 나 암만해도 서울 가 볼까요?"

"서울? 혜선이 있는 서울 말이지? 가려건 가구려. 돈은 내가 주지요."

"참말이오? 참말 가얄 텐데 돈 좀 돌려 주시오. 이담에 갚아 드리리다."

"내가 그래 박 형께 빚을 준단 말이오? 그런 개틀레한 말은 그만하구…… 그래, 서울 가면 그 혜선이 년을 어떻게 할 참이요? 가만둘 테요? 엥히, 쓸개 빠진 녀석 같으니라구는 하하하…… 그러나 박 형, 박 형은 선량한 백성이외다. 죄없는 백성이외다."

이렇게 두 사람은 온 데로 헤매다가 각각 헤어져 주인집으로 돌아갔다.

그 며칠 뒤 정식은 서울로 떠나갔다. 잡혔던 겨울 양복과 봄 양복을 다시 찾아낸 것은 물론 밥값도 죄다 치르고, 그리고 행장도 갖추어 가지고 서울 차표를 사고도 정식의 주머니에는 아직 10원짜리 다섯 장인가 여섯 장인가 남아 있었다. 물론 명준이가 준 것이다.

정거장에는 단 한 사람 명준이만 그를 전송하러 나갔다.

기차가 떠나서 사람이 잘 보이지 않을 때까지 두 사람은 끈기있게 모자를 흔들었다.

죽도록 부대끼다가도 조끔만 풀리면 또 툭툭 털고 나서는 구르고 굴러 끝이 없는 인간의 모습을 제게서도 정식에게서도 발견하며 명준은 가엾고 또 맘 든든한 무엇을 느끼는 것이었다.

강아지

    기름이 흐를 듯한 이웃집 백양나무 저편 파아란 하늘에 솜같이 하이얀 뭉게구름이 유유히 떠도는 초여름의 생량한 승석(이른 저녁) 때이다.

    정지문을 열어젖히고 시원한 오이냉국에 저녁을 먹으려니까 난데없는 조고만 발바리 새끼가 정지 앞마루로 앙그르 굴러와서 문턱으로 발발 기어오른다. 동글납작한 오골배지 같은 조그만 낯바대기에 코와 눈과 입이 오글쪼글 모여붙은 꼬라지라든지 더군다나 짜른 코끝이 앙상하게 해바라진 모양이 지지리 얄미웁기도 하나, 그러면서도 아직 짜장 어린 새끼라 귀여운 점도 노상 없지 않다.

    도대체 새끼란 새끼는 다 귀엽고 예쁜 양하다. 망아지, 송아지도 갓낳 았을 때는 기름에서 빠진 것같이 몸매가 깨끗하고 매끈해서 꼭 껴안아 주고 싶다. 그러고 보니 심지어 돼지 새끼까지도 예쁘게 생각되고 지금 눈앞에 보는 얄망스러운 발바리 새끼도 한편 귀여워진다. 비록 너리먹 어서 볼 꼴은 없으나…….

    "효순이 년이 동무 집에서 얻어 왔대우."

    아내가 바당(부엌)에서 무슨 고기 꼬랑지를 구우며 이렇게 일러 준다.

    "효순이가?"

    나는 마루에서 문턱으로 기어올라 내 밥상을 향하고 앞발을 번갈아 허우적거리는 강아지를 팔꿈치로 밀쳐 떨구며 아내에게 되쳐 물었다.

"제 동무 집에 놀러 갔다가 얻어 왔대요."

"동무 집에서……? 고년 벌써 교제가 상당하군 그래."

효순이는 금년 여덟 살, 바로 소학교 1년생이다.

"아무렴 당신보다야 낫지."

"그럴 테지. 에밀 닮았으니까. 하하하…… 그런데 참 강아지 오래간만
인데. 요새는 그도 얻기가 여간 어렵지 않다는구려."

내가 내 살림이라고 시작한 이후 강아지를 길러 보기는 전후 두 번뿐
이다. 맨 첫 번 것은 무슨 병인지 3,4일 동안 끙끙 앓더니만 부엌 앞에
서 죽어 버리고, 두 번째 것은 사냥개 새끼로 어떻게 영리하던지 우리
집 식구는 물론 한 번 놀러 왔던 친구만 보아도 반겨서 어깨까지 뛰어오
르곤 해서 무척 귀염을 받더니, 갑자기 혓바닥에 치가 서서 침을 질질
흘리다가 죽을 임시 해서 어디론지 종적을 감춰 버렸다. 그 죽은 시체라
도 찾아서 묻어 주려고 앞내 방축을 아무리 찾아보아도 종내 얻어 만날
수 없었다.

묵묵히 운명을 기다리다가 한두 마디 비명을 남기고 부엌에서 죽은
토개나 또는 죽어서도 주인의 폐를 끼치지 않으려는 듯이 종적없이 가
서 죽어 버린 양개나가 모두 오래도록 내 기억에 남아 있어서 다시는 개
를 치지 않으려고까지 하였다. 그러나 늘 셋집으로 돌아다니는 터라 마
침 두 개를 때운 그 집이 즘생 안 되는 집이라는 아내의 미심쩍은 말을
딴은 부정하면서도 한편 믿는 맘이 있어서 이번 집은 괜찮으려니도 하
는 것이다.

"하지만 쓸 만한 거면 지금 인심에 누가 요행 그저 줄라겠소. 못 살 거
니까 그 애한테 줬지."

아내는 처음부터 탐탁해 않는 상이다.

"그래도 그년은 제 생각이 있게 가져왔지."

"아니, 그런 게 아니라 동무 집에 놀러 가니까 다른 집에서 저걸 가져가기로 했다가 막상 와 보구는 꼴이 저 꼴이니까 안 가져가겠다구 그러드래요. 그래서 효순이 년이 절 달랬다나. 했더니 어서 그러라고 하더래요. 아무래도 살지 못할 거니까 마침 잘됐구나 한 거겠지요."

아내가 구운 고기를 접시에 담아 가지고 올라오더니 문턱으로 연신 기어오르려는 발바리 새끼를 발길로 차 버린다. 그래도 강아지는 여전히 기어오른다.

"발바리 새낀 똑 고기만 먹으려 하지……고기 냄새 만나면 밥도 안 먹으려고 드니."

아내는 약간 얼굴을 찌푸리는 상이다.

그도 노상 즘생을 싫어하는 편은 아니나 어쩐지 이번만은 애당초 맘에 싸지 않는 모양이다. 하기는 그도 그럴 것이, 이놈의 발바리 새끼는 워낙 잘 얻어먹지 못한 탓인지 빌기 오른 것같이 털이 군데군데 빠지고 눈에 고비가 꾀죄죄하다.

"잘 얻어먹지 못해서 그렇지."

나는 고기 한 꼬리를 살만 대수 갈라먹고 뼈와 대가리를 강아지에게 던져 주었다.

"고년이 살지두 못할 걸 공연히 가져왔어."

"잘 먹이면 되겠지."

"못 살아요. 그거 갓난 건데…… 갓난 새끼가 어미 젖 안 먹구 살 수 있소?"

"왜 갓났다구 그래. 발바리란 워낙 꼬맹이 종자니까 그렇지. 두 살, 세 살 되는 것두 요만하지 않습니까? 그래두 제법 제 구실 하구 새끼두 낳고……."

"그래도 이건 틀렸어요."

아내는 아까보다도 좀더 노골적으로 강아지를 미워하는 눈치더니

"토개는 한 해, 이태만 길러도 6, 7원 가구 3, 4년 된 건 10원짜리가
다 있다우."

하고 말을 돌려 개도 토종이라야 하너니, 개장국은 인삼 녹용보다 나은
보약이니 하고 한참 설명하나, 나는 개고기란 소리만 들어도 구역이 난
다.

"그러구 참, 누런 개 가죽은 군대에서 사 간다는데, 저런 거야 고기구
가죽이구 하나나 쓸모가 있소?"

아내는 또 이렇게 나무란다.

나도 얼마 전 신문에서 어느 지방 농촌에서 누런 개가죽을 모아 팔아
삼백 몇십 원인가 받아 가지고 그걸 다시 국방 헌금으로 내어 신문에
견피보국이라고 커다랗게 썼던 것을 본 기억이 있다. 그러고 보니 아내
의 말에, 더욱이 푼돈에도 애마르는 일이 많은 아내의 말에 일리가 있
는 것 같으나, 어쩐지 또 그 말에는 차라리 내 감정을 거칠게 하고 불쾌
하게 하는 잡히지 않는 무슨 그림자가 있는 듯하다.

"고년 들어오거든 되가져가라구 해요. 똥만 싸구 고기 염만 하니 이 집
에 무슨 고기가 있소. 사람도 못 먹는데……."

그리고 아내는 또 이런 말로 혼자 중얼거린다.

"밤에 이불 속에 기어들구……."

"그거야 버릇하게 달린 거지…… 왜 조밥이란 통 먹지 못하는 사람도
유치장 같은 데 들어가면 우리보다 더 달게 먹습니다. 난 칼치 뼈다귀
도 남기지 않았달밖에."

내가 이렇게 말할 때 효순이 년이 대문 밖에서 내 목소릴 알아듣고는
아버지 아버지 부르며 까치걸음으로 뛰어 들어와서

"아버지, 강아지 이쁘지?"

하고 내 무르팍에 냉큼 올라앉는다. 내가 그저 고개로 그렇다고 대답했
더니 효순이 년은 강아지 있는 마루로 나가며

"아버지, 강아지 이쁘지, 응?"

하고 또 한 번 조진다.

"응, 이쁘다."

나도 하는 수 없이 동의하였다.

"아버지, 그 고기 좀 줘. 응?"

그러자 아내가 얼른 가로나서며 고기뼈만 뽑아서 던져 주며,

"야, 효순아, 이따가 저녁 먹구 강아질 도루 갔다줘라."

하고 이른다. 그래도 효순인 대꾸가 없이 강아지 먹는 것만 소곳이 보
고 있다.

"내 좋은 개 강아질 얻어다 줄 테니 가져가라, 응?"

"싫여."

"그건 고길 먹어야 사는 거야."

"고기 안 먹어도 살어, 밥찌께 먹든데."

"밥찌께 어디 그렇게 있니?"

"글쎄, 내 멕여 살릴게……."

"안 된다, 안 돼."

"돼요."

"요년아, 안 된다니까…… 아무래도 죽을 걸 하루라도 더 둘 필요가 있니, 어서 가져가거라."

효순이는 싯듯이 고개를 숙이고 아무 대꾸도 없다.

"그 털이 빠진 걸 봐라. 바당에 오줌똥을 쏘다가 죽으면 누가 쳐낼 테냐. 어서 가져가거라. 어머니 욕볼 생각 해야지."

"안 죽어요."

"안 죽을 걸 네가 어떻게 아니? 그 꼴만 봐라. 당장 오늘 밤을 못 넘길 상싶다."

"아까 뜰 앞으로 막 굴러다니던데."

그러며 효순은 강아지를 '워리, 워리' 불러 가며 달음박질을 시키려하나 강아지는 고기뼈를 깨물기에 여념이 없다.

"꼬독, 꼬독, 꼬독……."

효순은 강아지를 부르다가 못해서 손으로 허리를 잡아쥐고 뜨락으로 내려간다.

"요년아, 더럽다, 더러워. 저 손으로 밥먹을 테냐. 얼른 못 내려놔."

효순은 그 소리에 마루 아래에 무춤하고 선다.

"거 털이 묻어 빠지는 것만 봐. 죽는다 죽어. 죽기 전에 어서 그 집에 갖다주고 오너라. 안 가져가면 내 가져갈 테다."

어머니 소리는 더 거칠어졌다. 효순은 그 자리에 앉아서 손가락으로 강아지를 놀려 본다. 아무려나 죽을 성싶지는 않다.

그러나 웬일인지 아까처럼 팔팔하진 못하다.

"저년, 손가락 물린다. 아이 더러. 요년아, 얼른 갖다 주지 못해? 죽기 전에…… 너 가기 싫거던 내 강에 갖다 던지구 오겠다. 인 다구."

그러자 효순은 뒷더수기에 어머니 손이 뒤덮이는 듯 머리칼이 선뜻하면서 소스라쳐 돌아선다. 그 바람에 으앙 하고 울음이 터졌다.

"안 죽어, 안 죽어, 엉——."

효순은 나한테로 달려왔다. 그러다가 주춤 소리를 낮추고 목에 치밀린 울음을 참기에 얼굴이 검붉게 질린다.

나는 우는 것을 제일 싫어한다. 그래서 울음소리만 나면 예전에는 곽 쥐같이 아이를 집어서 마루고 마당으로 내던졌다. 어느 해 홍수 때에는 우는 아이를 허궁들어 흙물 속에 내던져서, 아이 역성 잘 드는 아내가 두고두고 아이들 때문에 무슨 말썽이 생기면 으레 귀아프게 되풀이한다. 또 그 때는 내가 허파에 바람 든 여자에게 쓸개가 빠져서 집에 들면 죄없는 어린애들을 윽살리는 것이라 하여 남자들 치사스런 행사를 이야기할 때마다 아내는 입에 게거품을 물고 그 때 일을 들어 건풍을 떤다.

지금은 그런 팩한 버릇은 없어졌지만 그래도 우는 것이 제일 질색이다. 그치라고 한두 마디 일러서 안 들으면 눈을 까뒤집고 윽박지르고 심하면 몽둥이를 들어 으르기도 한다. 아내는 어린애들이 밖에서 싸우다가 울음소리가 나면 시비곡직이야 어떻게 되었던지 덮어놓고 제 집 아이 편역을 들려고 펄쩍 뛰어 쫓아나가지만 나는 우선 첫째 우는 놈부터 밉다.

그래서 네 아들에 단 하나인 외딸 효순이도 그렇게 귀여워하건만 울기만 하면 눈을 부라리는 때가 많다. 그래서 쾌활하면서도 겁기가 많은 효순은 여러 번 혼쭐이 난 일이 있다.

지금 효순은 그러한 무서운 아버지를 상상한 것이요, 그런 아버지에게 부지중 울음을 터쳐 놔서 한바탕 욱살리나 싶었던 모양으로 울음을 삼키기에 가맣게 고심하는 상이다.

"가져가지 말고 어서 네 길러라, 길러."

내가 이렇게 말하자 막혔던 효순의 울음소리가 제법 높게 터져나온다.

"안 죽어, 안 죽어……."

효순은 안타까운 듯이 한두 번 발을 구른다.

"효순아, 우지 마라…… 우지 말고 이리 와."

그러며 효순이를 끌어다가 내 무르팍에 앉히는 순간 나도 이상히 목이 메어서

"어서 네 맘대로 길러라. 건 효순이 강아진데 누가 건드려."

하고 일부러 기운을 내어 효순일 둥둥 추슬러 주었다.

효순이도 인차 울음을 그쳤다. 팔팔한 기운이 얼굴에 떠돌며 다시 밖으로 나가더니

"아버지, 강아지 안 죽지, 응?"

하고 재차 묻는다.

"그럼, 안 죽구말구. 어서 맘대로 가지구 놀아라."

효순이는 신이 났다. 강아지도 비틀비틀 곧잘 달려다닌다.

"얘, 효식아, 나오너라. 효식아, 나오너라."

효식이란 다섯 살에 난 그의 남동생이다. 그놈이 아랫도리를 벗은 채 먹던 밥술을 내던지고 뜰앞으로 뛰어나가자 좁은 이 집은 갑자기 떠들썩해진다. 벌써 저녁을 먹고 그림책을 보고 있던 세 형놈들도 책을 밀어 놓고 미닫이 문턱에 턱을 걸고 뜰 앞에서 짝자그르 떠드는 효순이와

효식이와 강아지들을 바라보며 빙글빙글 웃고 있다.

밤이 들자 다른 아이들은 함부로 던진 윷가지처럼 윗방에 이리저리 쓰러져 이내 잠이 들었다. 효순이가 뒤늦게 저녁을 먹고 일어나 밖으로 나가려 할 때 바당에서 설거질 하던 아내가,

"애, 효순아. 설거지 좀 해라."

하고 다소간 신경질적인 소리를 내더니 붓대어서 내리 된소리를 뺀다.

"요년아, 들어와 일 좀 해라. 이 뒷집 순옥인 일곱 살부터 정구지역 도 맡아 했다. 커단 년이 에미 다 죽어가도 말괄량이처럼 뛰기만 하니 계 집애 그래서 얻다 쓴단 말이냐…… 나 까딱하면 숨 넘어간다. 내 성한 사람인 줄 아니? 어서 들어와 일해라."

아내는 사실 몹시 약하다. 몸은 퉁퉁하나 그것은 심장이 약해서 그런 것이라 한다. 어느 땐가 한번은 10분에 한 번씩 캠퍼 주사를 연거푸 다 섯 대나 맞을 만치 위급했던 일도 있다. 그런데 지금은 신경까지 잔뜩 예민해져서 어느 때라 번한 날 없이 골골히 지난다.

"온, 집 쥔이란 화상이 평생 가도 빗자루 한번 쥐어 보는 일 없구 아이 새끼들마저 도리깨 아들이구, 저 태산 같은 일을 그저 어쨌든 이 한 손 으로 하라니 역대 같은 년인들 살 수가 있나. 지금까지 살아 있는 게 장사지."

이번은 불똥이 내게 와 떨어졌다. 나는 얼른 효순에게로,

"애, 효순아. 어서 들어가 일해라."

일렀다.

"네, 들어가요."

엇가기 시작하면 심술궂게 귀가 질리지만, 맘이 내키면 참배맛같이 싹싹한 효순은 곧 바당으로 들어와서 설거지를 시작하였다.

"내 죽으면 그래도 너희들이 제일 불쌍하다. 애비야 퍼러딩딩하니 장가 못 들겠니. 퍼렇게 남 살아 있는데도 둘셋씩 처붙는 년이 다 있는 세상 인데……."

그러나 아내의 말소리는 한결 낮아졌다. 그 소리는 못들은 척하고 소매를 부르걷고, 발돋음해 가며 물목판 위에서 조심성스럽게 그릇을 닦는 효순이를 보는 사이 나는 부지중 웃음이 났다.

계집애는 어려서부터 사내 자식과는 일하는 품이 다르다. 사내 자식들은 양복 바지 앞단추가 떨어지거나 양말이 날개나거나 꿰맬 염도 안 하지만 효순이는 벌써부터 손각시 초마 꿰매는 도습을 한다. 또 소꿉질 그릇을 나눠 놓고 '이건 아버지 밥, 이건……' 하고 각각 몫을 나눠 놓는다. 그리고 설거지는 물론 이남박으로 쌀 이는 흉내도 곧잘 내는 것이다.

효순은 연해 밖을 내다보며 부지런히 그릇을 닦고 있다. 아내도 한숨 펴인 듯이 일손이 떨어진다.

아직 밤은 좀 쌀쌀한 편이다. 강아지가 바당 문턱을 넘어 바당으로 들어온다.

"나가, 나가라."

아내가 으른다. 그래도 강아지는 애를 써 넘어 들어와서는 효순이에게 달려간다.

효순의 다리를 두서너 번 빙빙 돌더니 발을 핥아 본다.

"아이, 간지러."

효순이가 걷어올린 소매로 코 앞을 쓱 씻으며 히히히…… 웃는다.

"야, 효순아, 더 어둡기 전에 얼뜬 가져가거라. 내 돈 줄게."

"싫어, 내 기를 테야."

"애, 글쎄 바당에 똥을 싸구 아궁지로 기어들구…… 참말 아궁지로 들

어가서 구들골로 기어 들어가면 어쩌니, 그러면 사람의 집이 망한단
다."

"안 들어가."

"안 들어가는 게 뭐냐…… 이것 봐, 또 들어간다. 이가 이가."

아내가 부지깽이로 연해 강아지를 내몬다.

그러자 효순이가 보얗게 밖으로 굴러나가더니 제가 소꿉질할 때 쓰는
귤상자를 들고 들어왔다.

"이걸로 아궁일 막을 테야."

하고 그걸 아궁이에 갖다가 댄다. 한 모가 조금 비기는 하나 그런대로
강아지가 들어갈 성싶지는 않다.

"너 강아지 바당에 똥 누면 낼 아침 쳐내지?"

"응, 칠 테야."

그제야 효순이는 마음을 놓고 이웃으로 놀러 나갔다.

"사내 새끼들은 벌써 자는데 계집애년이 밤 마실을 다니니……."

나는 몸이 노곤해서 정주에 드러누으며 혼잣말로 중얼거렸다.

"고년 장난에 혼침해서 야단났어요. 공부도 안하고……."

"내버려 두구려."

나는 까닭없이 맘이 희떠워졌다.

아내는 아까의 신경질이 지나가자 되려 더 해사해져서 효순이가 들어
와서 잠이 들 때까지 바당에서 두무와 시렁을 닦고 낭중으로 부뚜막에
걸터앉아 나박김치를 담그는 상이더니, 별안간 아갸갸 소리를 치며 부
엌 앞에 허리를 굽히고 강아지를 부른다. 그러며 일변 부지깽이로 부엌
속을 긁어 내다가 말고 성냥을 켜 가지고 아궁이를 들여다보더니만 인
차 강아지를 부지깽이로 끌어낸다. 그리고는 바당 구석으로 기어 들어
가는 강아지 뒤편 땅바닥을 그 부지깽이로 연해 울려 댄다.

"나가, 썩 나가."

그러다가 결국 그 부지깽이로 허리를 치켜들어 밖에 내놓고 문을 닫아 버린다.

이튿날 이른 아침 나는 효순이 소리에 선잠이 깨었다.

"강아지 어디 갔어?"

그러며 지저분한 마당 구석구석을 뒤지고 마루 밑, 뒷간까지 골고루 찾아보는 속이다. 그러다가 대문 밖에 나가서 한참 휘 살피고 들어오는 모양이나 한참 동안 아무 기척도 없다.

"야, 효순아."

내가 불렀다.

"네."

다른 데 눈을 팔고 있는 소리다.

"강아지 없니?"

"네, 없어요. 아버지 몰루?"

"난 몰라, 거 어디로 갔을까?"

"아니, 아궁지로 기어들기 때문에 밖에서 재웠다."

아내가 그러자 효순은 바당문으로 들어오며 어미에게 한 손을 들어 때리려는 듯이 떼를 쓴다.

"난 몰라, 난 몰라."

"뭐?"

"싫어, 강아지 내버리군, 형——."

"밖에 없니? 자꾸만 부엌으로 기어 들어가기에 밖에서 재웠다. 헛간 안이랑 잘 찾아봤니?"

"없어. 누굴 주구는……."

"주긴 누굴 주어? 그 따월 누가 가져갈라디……."

"싫어. 주었어. 줄 때 어째 날 알려 주지 않어? 형──순옥이 집에 가 재미 대가리 있는 거 준다고 그랬는데."

"아니, 안 줬다. 다시 찾아봐라. 어디 들어가 백혔을 게다. 그놈의 발바리가 추위를 타서 나무 속에 들어가 백혔을 게다."

효순은 다시 밖으로 나갔다. 효식이도 오줌 누러 일어났다가 뒤쫓아 밖으로 나갔다. 그러나 강아지는 종내 나오지 않았다.

마침 공일날이 되어서 아이들은 아침을 먹고 행길가로 놀러 나가고 요사이 며칠째 뱃병으로 누워 있던 효순이 바로 위의 형 효덕이가 초여름 햇볕이 내리쬐는 마루 앞에서 놀고 있다가 손바닥만한 마당을 대숲에 뛰어 밖으로 내달리며

"야, 효순아. 효순아."

하고 크게 부른다.

"야, 강아지 왔다. 강아지……."

그러자 얼마 후에 효순이가 먼저 들어오고 효식이가 뒤따라 들어오더니, 야야 하고 섭쓸려 벅작궁 야단이다.

"야, 내 여기 앉었는데 어디서 오는지 대문 밑으로 저게 어정어정 들어오더라."

효덕이 이렇기 설명할 때에야 나도, 아내도 밖을 내다보며 깔깔 대소하였다.

"꼴 보구는 재주가 들었구나. 어느 새 집을 외워 둔 걸 보니, 핫하하하."

그러자 아내도 웃어 죽겠다는 듯이 허리를 잡고

"아이구 병신, 사람 죽이네."

하고 어리둥절해서 꼬리를 젓는 강아지를 보며 자지러지게 웃어 댄다.

아이들도 그럴 때마다 덩달아 웃어 댄다. 뒤미처 큰 아이와 둘째 아이가 들어오자 효덕이가 다시 한 번 강아지 집으로 찾아들던 것을 이야기하니 또 웃음이 짝자그르 터진다.

"요놈의, 강아지 어디 갔다 왔니?"

효순이가 손바닥으로 강아지 이마를 개갑게 울리며 핫하하하…… 웃으니까 효식이 놈도 덩달아서 때려 주고는 내처 모가지를 끼고 돌아간다.

"야, 효식아, 이놈아."

아내가 별안간 자지러지게 소리친다.

"야, 요놈의 새끼 더러워 강아지허구 입을 맞춰, 어서 썩 내놔라, 내놔."

그러자 또 한거리 웃음판이 벌어졌다. 효식이란 놈은 달아나려는 강아지를 껴안고 낑낑 갑자르면서 강아지 주둥이를 제 뺨에 직신직신 비벼 댄다. 강아지가 발버둥을 치나 그것이 효식이 놈에게는 재미다.

"야, 효식아, 내놔라 내놔"

나도 보다가 못해서 웃으며 소리쳤다.

"요놈의 새끼 개벼룩이 오른다. 내놔, 어서……."

아내가 밖으로 나가서 효식이 놈의 두 팔을 잡아다려 강아지를 풀어 놓았다.

그렇게 한참 떠들썩하다가 그 소리가 그치고 무슨 떨그렁떨그렁 소리가 나기에 한참 만에야 밖을 내다봤더니 저편 변소 모퉁이에 아이놈들이 널판을 주워다가 무엇을 짓고 있다. 그러나 늘 하는 장난이니 뭐 알아볼 것도 없는 일이라 그대로 내버려 두었다.

그러다가 무슨 볼일이 있어서 밖으로 나갈 때에야 나는 비로소 그 앞에 짐짓 발을 멈췄다. 그것은 훌륭한 강아지 우리다. 벽도, 지붕도, 문

짝도, 그리고 삿자리도 또 효순이 장난감 그릇으로 만든 강아지 밥그릇 까지…….

그런데 아이 놈들도, 강아지도 어디 갔는지 뵈지 않는다.

"이놈들 다 어디로 갔나?"

나는 빙그레 웃으면서 아내에게 물었다.

"아마 강아지 집들이시킬라구 강으로 목욕시키러 갔나 부."

"집들이…….."

참말 지금 우리가 살고 있는 이 오막살이 셋집에 비기면 깨끗하고 명랑한, 그리고 사랑이 넘치는 집이로구나 하고 나는 대문을 나오며 혼자 웃었다.

김남천

무자리
남 매

지은이

1911~1953년. 본명은 효식. 평안남도 성천 출생. 임화 등과 함께 카프에 가담해, 1935년 해산할 때까지 평론 및 창작 활동을 했다. 작가의 입장에서 창작 방법을 모색하고, 직접 창작을 시도한 독특한 작가였다. 〈공장신문〉, 〈무자리〉, 〈남매〉 등을 발표했으며, 1947년 월북해 북조선 문학예술총동맹 서기장을 지내며 정치활동을 하다가 1953년 박헌영과 함께 숙청되었다.

무 자 리

1

학교에서 집으로 돌아오면서 운봉이는 적지않이 긴장했다. 마지막 시간에 치른 담임 선생님의 태도에 분개에 가까운 흥분을 품은 때문이다. 시간 마감이 가까워서 선생은 교과서를 접더니 느닷없이 상급 학교 지원할 생도들은 손을 들라고 한다. 늘상 저 혼자일망정 생각해 오던 바가 있으므로 운봉이도 바른손을 창칼같이 기운차게 뽑아들었다. 육십 명 넘는 중에서 단 다섯 아이뿐이다. 누구라고 돌아볼 것도 없이 금융 조합의 아들, 양조하는 집 아이, 의사 아들, 이 고을서 제일 부자라는 김좌수 손자, 그 틈에 뜻밖에도 김운봉이의 바른팔이 섞인 것이다.

이 선발된 행운아 다섯 명 중에 김운봉이의 야무진 얼굴을 발견한다는 것은 선생뿐 아니라 여러 아이들도 뜻밖으로 생각하는 바이었다.

선생은 안경 낀 눈으로 대충 껀듯껀듯 세어 보다가 운봉이의 얼굴 위에서 한참 동안 눈을 떼지 않았으나 이윽고,

"요로시(좋다)……."

하고 잠깐 창밖을 내어다보았다. 운봉이도 손을 내리고 그의 얼굴 위에 많은 눈총이 드리 쏠리는 것을 귀따갑게 느끼면서도 헛눈을 팔지 않고 면바루 칠판 쪽만 바라본다.

"깅움뽀——."

선생의 나직하나 말힘 있는 부름에 운봉이는 '하이' 하고 기척하였다.

"운봉이는 어느 학교를 지원할 생각인가?"

"경성제일고등보통학교올시다."

선생은 말대답도 뜻밖이란 듯이 고개를 끼우뚱한다. 반의 모든 아이들도 숨을 죽이고 긴장하여 있다. 방 안의 긴장한 기분이 압력이 되어 운봉이의 적은 몸을 향하여 육박하는 것 같은 착각에 운봉이는 숨이 가쁘고 눈이 곧아 오고 목이 마르는 것 같다. 누가 뭐라고 부드럽게 등이라도 뚜드려 주면 금시에 눈물이 콱 쏟아질 것만 같다.

"아버지와 어머님과두 다 의론했을 테지."

이 물음에 운봉이는 선뜻 대답하지 못한다. 경성제일고보 지망이 온전한 제 생각뿐이었기 때문이다. 머릿속이 혼란하여 횃불 같은 것이 두서너 개 엉켜 돌고 거반 깎인 머리칼 밑이 때끔때끔하여 안타깝게 괴로웠으나 운봉이는 움칫도 안한다.

입술을 약간 떠는 듯하다가 제 귀에도 유난히 높으리만큼 '하이' 하고 대답해 버렸다.

선생은 운봉이의 태도에서 눈치를 챈 모양이나 그 이상 더 묻지 않고,

"그럼 아부지께 오늘이든 내일이든 될수록 빨리 학교로 한번 오십사고 여쭈어."

다시 잠깐 생각하는 듯하는데 하학종이 우니까 멍하니 그것이 끝나는 것을 기다려

"이제는 가을도 중추로 접어들었으니까 입학시험 준비하는 사람은 물론, 그렇지 않은 제군들도 열심히 공부해 주기를 바랍니다. 그리고 상급 학교 지원하는 생도는 사무실에 잠깐 들러 주시오."

경례가 끝나고 단에서 내려서려다가 다시 운봉이 쪽을 향하여

"운봉이는 안 와두 좋으니까 아버지께 말씀만 여쭈어, 응?"

하고 교실을 나가 버린다.

교실에서 일어난 일이란 이것뿐이다. 이 작은, 사건이랄 것도 없는 조그만 일이 운봉이에게 대단한 흥분을 일으키는 원인이 되는 것이다.

첫째로 그는 선생을 속였다. 물론 속인 것이 발각이 안 될 수는 있다. 아버지께 미리 가서 일러 놓으면 그만이다. 그러나 그 흥분하고 또 흥분이 분개에 가까운 것으로 옮아가는 데는 다른 이유가 있었다.

지원한 생도 다섯 명 중에서 자기를 따로 취급하는 것이 그에게는 단순하지 않았다. 그리고 아버지를 학교로 오시라는 것도 그에게는 원치 않는 일이다.

아버지는 폐인에 가까운 사람이기 때문이다. 학교서 부른다고 쉽사리 올 사람도 아니려니와, 외려 학교나 선생을 욕지거리나 안하면 용할 형편이다.

물론 운봉이가 상급 학교를 가느니 안 가느니 같은 건 그에게는 문제도 안 된다. 이런 아버지를 학교로 오시라는 건 선생님이 모르시고 하는 소린지는 모르되 운봉이에게는 여간 불쾌한 일이 아니다.

어머니 역시 운봉이가 경성으로 유학을 가느니 어쩌니 한 것을 찬성한 적도 없고, 또 찬성할 건덕지도 없었다.

이런 형편이고 보니 담임 선생이 운봉이의 지망을 뜻밖으로 생각하는 것도 무리가 아니고, 또 한번 아이들이 곧 터져 나오려는 조롱인지 선망인지도 모를 웃음을 참고 두리번 두리번 운봉이의 상판대기를 유심히 바라보는 것도 결코 이유 없음이 아닌 것이다. 그러나 운봉이로서는 누가 뭐랄 때도 꼭 한 곳 믿는 곳이 있었다. 서울 간 지 이태가 가까워 오

는 동안 한 달에 이십 원씩을 꼭꼭 송금해 오는 누이를 믿는 것이다.

서울로 떠나갈 때에 '내가 서울루 가는 건 너 공부시킬 준비루다 미리 가는 게'라고 한 말도 있지마는 일 년 전에 친히 제게로 한 편지도 있다.

"네 공부 하나는 뼈가 가루 되는 한이 있어도 내가 맡어 시킬 것이니 공부만 열심히 하야라. 네가 서울서 바루 내가 볼 수 있는 눈앞에서 고등학교에 댕길 생각 하면 몸에 벅차는 괴로움도 낙으로 변한다."

육학년도 이학기로 접어드니 특별히 전 같은 입학 준비는 없다 해도 자연히 마음이 설레고 졸업 후의 일이 이야기되었다. 아무개 아무개가 평양 어느 학교를 지망하느니, 서울 어느 학교를 지원하느니 하는 소리는 벌써부터 들어온 지 오래다.

그 애들은 그 애들로서 넉넉히 그만 공부를 시킬 만한 집안이므로 별다른 이야깃거리가 될 것도 없다. 이런 소리를 귓등으로 들을 때마다 운봉이는 누이의 편지만 혼자서 뇌어 보고 속으로 뱃심만 단단히 먹을 뿐이다. 운봉이보고는 어느 학교에 갈랴느냐구 묻는 놈조차 없다. 그는 가만히 '중등학교 입학시험 문제집'을 사다 두었을 뿐이다.

오늘 비로소 선생의 물음에 그는 기운차게 손을 뽑아들고 여태껏 마음으로만 새겨 두었던 것을 발표해 놓았던 것이다.

다시 한 번 어머니에게 다짐을 받아 보고 서울 있는 누이에게로 똑똑히 기별을 해둘 것, 그리고 선생에게는, 아버지나 어머니는 사정 때문에 학교에 올 수는 없으나 이러저러한 이유로 자기의 상급 학교 지원은 틀림없다고 말해 보리라 하고 혼자서 생각해 본다.

아버지에겐 말해 보았자 소용도 없을뿐더러 오히려 분경이나 일으킬는지도 모르니 어머니에게만 물어보자. 그러나 어머니도 누이가 알지 내가 아니, 하고 씽긋이 웃어 버리고 말 것이 분명하다. 에히쿠소! 코라

백성, 양 코라사. 시험쳐서 들어갈 놈은 나 하나밖에 없다. 누이에게 하가키(엽서)로 편지를 쓰자.

그는 갑자기 유쾌해지기나 한 듯이 바른팔을 내두르며 소래기를 질러본다.

"완, 투, 쓰리, 꼬라, 백성, 양, 꼬라사!"

뛰다 보니 거리 어귀다. 좀 점직해서(약간 부끄러운 느낌이 있다) 길 건너를 쳐다보니 완일네 자전거포다. 마침 완일이는 빵꾸한 걸 때우느라고 기름 묻은 빵꾸쯔봉이 툭 튀어나오록 궁둥이를 실려고 연신 꺽급서서 도야지같이 돌아간다. 운봉이는 죽어라 하고 달음박질을 하여 그 집 앞을 지나갔다.

본시 운봉이가 완일이를 송충이처럼 꺼리기 비롯한 것은 누이가 서울로 가기 바로 전 아직도 담홍이라는 이름으로 이 곳에서 기생 노릇을 할 때부터였다.

하루는 자전거살로 작살을 만들려고 완일네 가게 밖에 서서 컴컴한 굴 속 같은 데를 들여다보고 있었다.

파쇠로밖에 못쓸 낡은 자전거가 집께와 마루 옆에 다섯 틀이나 먼지에 파묻혀 있는데 새 자전거는 한 틀밖에 없다.

선반 위에 부속품들이 널려 있고 조그만 유리장 안에는 빤뜩빤뜩하는 쇠바퀴가 몇 개 걸려 있다. 광고 포스터를 발라서 구멍이 띠군띠군한 낡은 바람벽을 감추어 놓았다. 운봉이는 나무 상자 안에 그득히 담겨 있는 자전거살을 물끄러미 바라보다가

"완일이 사이상, 나 쟁곳살 하나 주구려."

하였다. 코로 흥얼흥얼 수심가를 넘기며 자전거를 만지던 완일이는 훌쩍 얼굴을 돌리며 이쪽으로 보더니

"응? 너 누구가? 응, 너 담홍이 오래비로구나. 쟁곳살은 뭘 할란?"

운봉이는 씽긋이 웃으며 그러나 얼굴이 발개져서 대답하였다.

"쏠챙이잽이 할라구 작살 맨들래요."

"작살을 맨들래, 작슬을 쯔꾸루까(만들건가)? 요씨(좋아), 주지, 내 주지."

그러더니 한 뭉텅이 아마, 한 여남은 덤석 들고 그의 곁으로 온다. 그는 기뻐서 손을 내밀었다. 쇠줄로 작살을 만들려고 여러 번 목을 거꾸로 꽂고 뾰죽한 놈을 밑으로 하자니 동그란 대가리가 거치적거려 방망이로 귀를 죽이려다가 손만 다치고 만 일이 있기 때문에, 운봉이는 오랫동안 자전거살이 그리웠었다. 그걸 지금 듬썩 열 개나 집어 주려는 것이다.

완일이는 어슬렁어슬렁 그의 옆으로 오더니 꺼멓게 기름과 때에 꺼슬린 손으로다 운봉이의 손을 잡고 또한 손에 든 자전거살을 옮겨 쥐어 주었다. 받아 가지고 손을 뽑으려고 하니 완일이는 그의 손에다 입을 대고

"나 너이 매부디!"

하면서 담뱃진에 걸은 이빨로 닝글닝글 웃었다. 운봉이가 팩 그의 손을 뿌리치니 자전거살이 쏴르르 흩어져서 널장판 위에 떨어진다. 운봉이는 그길로 입을 감물고 강 있는 골목길을 도망치듯 장달음을 놓았다.

이런 일이 있은 뒤부터는 운봉이를 볼 적마다 '야! 쟁곳살 줄라' 하든가, 누이가 서울로 간 뒤에는 '학구 보고 싶다고 편지 왔네?' 하고 놀려대었다.

학구란 건 한오래 옆집 기생의 오빠로 지금은 광산에 다니는데 처음 완일이가 하는 말이 무슨 뜻인지 몰랐으나, 그 뒤 차츰 알아보니 학구가 담홍이에게 마음이 있었던 모양이었다.

그러는 중에 어느덧 완일이한테 놀리운 날은 재수없는 날이고 무사히

지나친 날은 재수가 있다고 운봉이는 혼자서 작정해 버렸다. 이 푼수로 치면 오늘도 재수가 좋아야 할 게다. 그런데 그는 집대문을 들어서자 저보다 일찍이 학교에서 돌아온 누이동생 운히한테서 아버지가 갑자기 위독하시다는 말을 들었다. 그는 허둥지둥 방으로 뛰어 들어갔다.

2

아버지라야 실상은 신통찮은 아버지였다. 뻐드러지기래도 했으면 싶다고 어머니는 울화가 뻗칠 때마다 용알대고 시악을 퍼붓던 그런 아버지다.

'에구, 언제믄 이 꼬락서닐 안 보구 사나.'

——하루도 몇 번씩을 뇌는 통에 어머니의 표정은 모르는 새에 포달스럽게 굳어져 버렸다.

반반히 떨어진 눈썹 자죽이 물결같이 도두서고 미간엔 밭고랑처럼 주름이 잡히고 입술은 탄력 없는 꺼풀이 이그러져서 드믄드믄 빠진 어금니까지 드러나 보인다.

아버지는 이런 때 두 다리를 쭉 뻗고 괴침도 못 가눈 채 종이까풀처럼 누런 상판이 묵묵히 눈을 내리감고 어머니의 지천구를 귓등으로 흘리고 앉았다. 반찬가시 같은 노란 수염이 찰깍 붙은 가죽 위에 지저분하다. 상고머리로 깎았던 머리가 새둥지 모양으로 어수선하다.

어머니의 아우성을 그는 그린 듯이 움직이지 않고 받아넘기는 것이다. 아편에 잔뜩 취했을 때이다.

약이 떨어지면 이와는 정반대다. 오늘 아침만 해도 벌써 어저께 저녁부터 약기운이 진해서 안절부절을 못하고 몸을 가누지 못하다가 새벽이 되자 집이 떠나가라고 지랄발광을 하고 드디어는 가슴을 두들기면서 통곡을 하였다.

운봉이가 강에 나가 세수를 하고 들어서는데 운희가 운규놈을 업고 울먹울먹하며 대문으로 나온다.

어디를 가느냐, 왜 들먹거리느냐고 실으려는데, 기왓골이 울리도록 고래고래 지르는 아버지의 높은 언성이 방에서 들려온다.

대체 뼈에 가죽만 씌운 것 같은 몸에서 그리고 여느 때는 모기 소리 만큼도 분명치 못한 목소리가 어쩌면 저렇게도 요란스러우랴 싶게 이런 때의 아버지의 언성은 파격적으로 높았다.

"모두 벼락을 맞을 년들 같으니. 집안이 망할라니 암탉이 성이 세서 글 쎄 이년들, 먹구 살구서야 공부두 공부 아닌가. 또 간나새끼들이 공분 해 뭘 할 텐가. 아니, 제년들이 진사급젤 할 텐가 뭔가. 아냐, 오늘 당 장에 담임 교사 놈을 찾아가서 떼 오구 말아야지, 나이는 벌써 오래잖 아 성년할 텐데 소리두 배우구 춤두 배와 둬야 제 벌이나 안하나. 또 간난이년두 자식인 바에야 길러 준 애비 에미 모른다구 할 텐가. 서방 얻어 가기 전에 밥술이나 빌어 주야 에미 애비두 허리를 펴잖나. 저 계 집년이 몹쓸어 자식을 덜되게 가르킨단 말야. 이 담홍이란 년 안 보았 겠나. 요년이 낫살이나 차서 겨우 화댓닢이나 벌라 하니께 저년이 귓속 질을 해서 서울루 쫓았것다. 저년, 저 송가의 딸년 같으니. 그놈 어뒤 상 속알머리가 고약하니 딸 하나 문 게 저 모양이야. 뒤상 죽을 때 제 딸년마자 데리구 갔으믄 이 고약스런 기구한 팔자나 면할걸, 이년 이 송가의 딸년 생계두 없어지지 않구 내 속을 태우네? 이 주리를 안길 년아. 모두 소리 안 나는 총이 있으믄 좋겠다. 아니, 이 운희란 년 어 데루 살짝 도망쳤나. 제 에미년이 빼돌렸겠지. 이 아새끼놈은 또 새벽 에 나가더니 어데루 갔나. 그놈아새낀 물귀신이 잡아다 뼈두 안 남기 구 삼켜 버릴 간나새끼덜 같으니."

한참쯤 한 것 같더니 그 다음엔 화가 천둥같아서 주먹으로 샛문을 뚜들기며

"아니, 이 송가의 딸년이 이대루 나를 생매장할 테냐. 이 마른벼락을 맞을 년아, 아이구 이년아. 아이구 복통이야. 아이구 가슴이야."

넋두리로 변하다가 목을 턱 넣고 초상당한 것같이 섧게 울어 댄다.

소문난 집이라 웬만해서는 창피랄 것도 없지만 이른 새벽에 곡성이 진동하니 동리 사람 보기도 미안하다. 하는 수 없어 낯이 새파랗게 질린 어머니가 물묻은 손을 치마에 씻고 괴춤에서 일 원짜리 한 장을 꼬깃꼬깃 개킨 채로 아버지에게 집어던진다. 장판에 낯을 파묻고 엉이 울어 대던 아버지는 종이 떨어지는 소리에 귀가 반짝 열리는지 시름히 고개를 들어 쥐 낚는 고양이처럼 지폐장을 각채디린다.

울음을 두어 번 어린아이같이 떨컥떨컥 삼킨 뒤에 푸시시 일어난다. 누장판 같은 바지를 괴춤만 움켜잡고 커다란 고무신을 철레철레 끌면서 운봉이의 옆을 지나서 뿌르르 대문으로 나가 버린다. 그의 안중에는 운봉이도 아무도 없었던 것이다.

아침에 이렇게 나갔던 아버지가 그 날 오후 네시에 임종을 맞이했다는 것이다.

꿈같은 일이나 그것은 현실이었다. 운봉이는 구긴 봉투를 한 장 들고 우편소로 가는 길이다. 누이에게 전보를 쳐야 한다.

이렇듯이 지체밀망을 하던 폐인이라고 할지라도 역시 남편이었고 또 아버지였다. '언제나 이 꼬락선일 안 보구 살 거냐.' 아침까지도 지천구를 퍼붓던 어머니도 미직지근한 복닥재 모양으로 식어 들어가는 초라하고 빈약한 육체를 앞에 놓고 누구보다 더 바뻐하고 손붙일 곳을 몰라 쩔쩔매었다. 약을 과히 써서 중독이 되어 버렸다 한다.

의사도 손을 떼고 지금 겨우 달락달락 하는 희미한 숨결만 거두면 뼈

와 가죽 사이에 최최하게 흐르던, 다 날러 버린 핏줄은 영영 굳어져 버리리라 한다.

운봉이는 울지 아니하였다. 어찌할 바를 몰라서 초점을 못 잡는 두 눈알을 부리부리 굴리는 어머니가 두서없이 내뱉는 말을 쫓아 그는 낡은 봉투지를 찾아 들고 우편소로 뛰어가는 것이다. 사실 그에게는 '죽음'이라는 것이 어떤 것인지가 실감을 가지고 느껴지지 않았다.

또 그것을 새겨서 연상해 볼 여유도 없었다. 손땀이 찐득하게 묻은 봉투지를 뒤적여 뒷면을 찾아보니, 희미하게 경성부 관철정 ××번지. '가후에 구로네꼬내, 김설자 요리'라는 삐뚤삐뚤한 글자를 골라 볼 수 있었다.

학교에서 배운 대로 그는 전보 용지에 그대로 옮겨 쓰고 전문에는 '치치가도꾸수구고이오도도(아버지가 위독, 곧 귀가 바람. 동생)'라고 썼다.

집으로 뛰어오는 노상에서 의사는 만났으나 그는 운봉이를 모른 체한다. 뛰던 걸음을 멈추고 아버지의 병세를 물으려고 하나 땅만 들여다보며 의사는 운봉이의 거동을 무시해 버린다.

의사는 묵묵히 들어서면서 운봉이는 어머니와 운히와 운규의 곡성을 듣고 멍하니 서 있다.

뜰안에서 낯을 돌리니 초벽한 것이 다 떨어져서 수숫대가 뼈다귀 모양으로 앙상하게 드러난 바람벽이 눈앞에 있다. 여태껏 황망한 가운데도 그의 마음과 머리 밑을 찐득이 흐르고 있던 '내일엔 서울서 누이가 온다.'는 생각이 펄깍 달아나고 다른 생각이, 무엇이 불쌍하고 최최한 아버지를 금방 가져가 버렸다는 생각이 귀가 황황거릴 만큼 그의 머리를 휩싸 버린다. 두 귀가 징하니 울고 콱 막혔던 콧구멍이 힝하니 열리는 순간, 그는 비로소 눈물이 올라 솟구는 것을 깨닫는다.

3

3일장이니 성복제니 5일장이니를 딱히 작정해 두지 않았다. 운명한 날 밤에 앞집 명월이 오빠 학구가 광산 안에서 돌아와서 밤경할 사람들을 윗방에 모두며 화투판이니 마작판이니를 차리고 문밖에 초롱도작만 해 걸어 놓은 뒤, 사주 잘 보는 이한테 가서 날을 받아 왔다는 것이 4일장, 다시 말하면 성복날이다.

운봉이 어머니는 나흘 동안이나 묵혀 둘 경황이 없다 생각했으나 잠자코 아무 말이 없다. 그로서는 3일장이니 5일장이니 별로 아랑곳할 게 없었다.

전보 쳐서 하루를 지내면 서울서 담홍이가 올 것이므로 그를 기다리고 있으면 그만이었다. 기다린다고 하여도 아들과 달라 그가 없으면 입관을 못한다든가 하는 격식으로 그를 기다리는 것이 아니었다.

아닌게아니라, 얄따란 소나무 관을 사다가 둘째 날 되는 날 아침 벌써 입관은 해 버렸었다.

딸을 못 보았다고 죽은 이가 저승에 못 갈리는 없을 게다. 담홍이 오기를 기다리는 것은 장례비가 생기기를 기다리는 것이나 마찬가지였다.

운명한 뒤 다시 전보를 친 것까지 시간으로 따져서 그 이튿날 하루 종일 찻시간마다 기다렸으나 담홍이는 오지 않았다. 베 한 필을 못 사고 무명 한 끝을 바꾸어 오지 못한 채 돈전개니 만장이니 하는 데도 엄두를 내지 못하고 그 이튿날을 그대로 보내게 되니, 어머니는 설움 같은 건 생둥생둥해져서 없어지고 걱정이 불쑥 앞서지 않을 수 없었다. 그러나 담홍이가 이렇듯 늦어지는 것은 갑자기 준비가 없었다가 장례비를 충분히 마련하느라니 자연 이리 되는 것일 게라고 제마음에 타이르고 안심하며 들었다.

운봉이도 누이의 일이 궁금하였다. 그의 생각 같아선 전보가 떨어지자 곧 출발할 테니 적어도 그 이튿날은 올 게다 하였다.

명색이 상주라고 찻시간마다 정거장에 친히 나가 기다리진 못하나 운히와 운규가 나갔다가 시름해서 빈몸으로 들어오는 것을 보면 한없이 낙망이 갔다.

"누이가 아침 차에두 안 완?"

학구는 일을 쉬지는 않았으나 광산에서 돌아오면 찾아왔다. 사흘째 되는 날 아침 밤대거리(밤교대)를 끝막고 돌아오는 길에 운봉이가 실심하여 토방에 앉아 있는 것을 발견한 것이다. 머리를 쩔레쩔레 흔드는 것을 보더니

"아니, 저 어떻게 된 판국인가."

하고 혼잣말로 중얼거리며 운봉이 옆에 구럭을 놓고 궁둥이를 앉힌다. 몇 사람 안 되는 밤경꾼도 날이 훤히 밝자 뿔뿔이 돌아가 버려 큰일을 치른 집 같지 않게 조용하다.

운봉이는 아직도 두서 없는 생각에 골똘해 있다. 정작 아버지가 돌아가 버리니 처음은 한없이 서러웠으나, 그것이 이틀을 지내는 동안 종적을 잡을 수 없이 사라지고 운봉이 제 일이 자꾸만 생각되었다.

학교에는 그 뒤에 가지 않았으니 선생의 말대로 실행은 안했더라도 좋으나 제 생각같이 상급 학교에 갈 수 있겠는가가 하루바삐 안타까웁게 알고 싶다. 엽서로 누이에게 물으려던 참이니 누이가 오게 된 것은 이 문제만으로 보면 맞춤이라고도 생각할 수 있다. 아버지의 죽음은 상급 학교 가는 문제에는 별반 지장이 되지 않을 것이므로 담홍이 누이의 확답만 있으면 그만이다. 처음에는 슬프고 바쁜 통에 통히 그 문제에 생각이 가지 않았으나, 누이가 이틀 사흘째 되어도 오지 않으매 불쑥

이러한 근심이 치밀어 올랐다.

"누이한테서 편지 온 게 원제가?"

학구는 운봉이를 잠깐 솔깃하니 바라보면서 묻는데 운봉이는 좀 퉁명스럽게

"한 달 됐나 몰라."

한다. 주소의 이동을 염려하는 것이다. 이것을 그 때서야 알아차리고 운봉이는

"명월이 누이한테 편지 안 왔나?"

하고 되려 학구에게 물어본다. 그러나 학구는 멍하니 마당만 바라보고 있을 뿐 운봉이의 말에 대답하지 않는다. 무슨 생각에 골똘해 있는지를 운봉이가 의아스레 생각하는 것 같아서 한참 동안 물끄러미 움직이지 않던 고개를 약간 들면서

"벌써 편지 서루 안하는 제 오래다."

하고 자기도 무심결에 가느다란 한숨을 짓는 듯하다. 그렇게 친하던 사인데 그리고 이번 일에도 명월이가 안 일을 맡아서 돕고 있는 터에 어찌하여 담홍이와 편지 왕래가 끊어진 지 오래인가?——응당 이것이 설명되어야 할 것을 학구는 운봉이의 표정에서 간취하고 제가 쓸데없는 발설을 한 것을 뉘우쳤다. 그래서 그는 속으로 은근히 쩔쩔매며

"괜하니 쓸데없는 일 때문야. 인제 오믄 다 풀어 버릴 테지."

하고 어색하게 중얼대었다. 명월이와 담홍이가 거래가 끊어진 것은 순전히 자기 때문에 생긴 일이기 때문이다.

담홍이가 서울로 간 지 얼마 안 되어 눈이 부시게 휘황찬란한 사진이 담홍이 집으로 왔다. 뒷굽 높은 구두쯤에 새삼스레 놀랄 필요는 없겠으나, 이 고을서 보지 못하던 경쾌한 양장과 머리 모양에는 눈을 뒤솟지 않을 수 없었다.

양복이라면 여훈도의 쿠렁쿠렁하고 몸에 붙지 않는 곤색 세루(모직물의 하나)거나 여름에 오카미상들이 고시마키 위에 들쓰는 간땅후쿠만 보아 온 눈에 담홍이의 사진은 노상히 일경을 식히게 함에 충분하였다. 그것을 받아들고 운봉이는 옷거리에 있는 양복점 안의 사진틀에 넣어서 주룬히 매어단 서양 사람들을 연상하였다.

서울 가는 데 반대하던 아버지도 이 사진에는 만족한지 물끄러미 쳐다보다 획 던져 주며 '소갈머리 없는 게 하이카라만 부리는 게건' 하고 핏기 없는 피부를 궁상맞게 함칠거리며 입가상에 웃음을 띤다.

물론 이 사진은 빈틈없이 촘촘히 붙여서 매어달았던 길쭉한 사진들을 내려서 다른 것을 뽑아내고 맨가운데다 걸었다.

그렇게 한 지 며칠 뒤에 운봉이가 학교에서 돌아오면서 막 대문 소리를 내고 들어오는데 방문이 열리고 황망한 표정을 얼굴에 드러낸 채 두 손에 무슨 종잇조각 같은 걸 들고 학구가 어마두지(무섭고 놀라워서 정신이 얼떨떨한 판) 뛰어나온다. 어인 영문을 몰라 더 놀다 안 가느냐고 말을 건넬려는데 그는 뿌르르 나가 버린다.

방 안에 들어와 보매 집 안엔 아무도 없다. 마실을 갔는지 아마 앞집에나 뒷집에나 잠깐 다니려 갔을 테지만 방 안은 횡하여 학구의 수상한 행동을 알아낼 길이 없다.

마침 방바닥에 인화지 조각이 하나가 있어서 사진틀을 쳐다보니 담홍이의 양장한 사진이 없었다.

이러한 작은 사건과 자전거포 하는 완일이의 놀리는 수작밖에 운봉이는 담홍이와 학구의 내막에 대해서는 알지 못한다. 그러므로 지금도 학구 때문에 담홍이와 학구의 누이동생 명월이와의 사이에 의가 상한 것은 짐작할 도리가 없었다.

"담홍이 서울 간 데가 벌써 이태가 되나."

싱겁고 면구스러운 김에 해 보는 말임에 틀림없으나 벌써 학구의 말에서 어떤 기미를 눈치챈 운봉이에게는, 이러한 학구의 말은 더욱 부자연한 것으로 들리지 않을 수 없었다.

스물둘 난 학구와 열네 살 난 운봉이의 대화가 부자연해 가려고 할 때 마침 운봉이 어머니의 갑작스런 울음이 문창을 울릴 듯이 요란스럽게 들려온다. 따라서 운규가 이에 못지않게 큰 소리로 울어 댄다. 이 바람에 학구는 껑충 일어나서 방으로 들어서며

"이전 고만두슈. 돌아가신 이가 운다구서 머……."

하다가 그 다음 말이 잘 나오지 않아 '운규 웁네다. 어린것덜 봐서래두 오마니가 울문 되갔쉐까?' 하고 어루만진다. 운봉이도 슬며시 기둥을 지고 일어섰다. 그러나 다행히, 참말 다행히 그 다음 차로 담홍이가 왔다. 웬걸 낮차에 올 게냐구 아무도 정거장에 나가지 않았더니 바로 그 차에 온 것이다.

"서울서 옵네다."

하는 어떤 여인네 소리가 대문 밖에서 나므로 운봉이가 뜰로 뛰어나가 보니, 담홍이가 아래위 흰옷으로 긴 치마를 두르고 문턱을 넘어서고 있었다.

갑자기 할 말이 없어 토방 위에서 어물어물하고 있는데, 방 안에서 담홍이를 본 어머니가 흰 포장 친 뒷목을 향하여 껭껭 처울기 시작한다. 그 바람에 담홍이와 그 뒤를 따라오던 여인네와 고리짝을 하나 지게 위에 진 머슴아이의 시선은 일시에 방 안으로 쏠린다. 운히만이 침착하게 운규를 업고 마중나서더니 토방 위에 올라서는 언니의 앞으로 가서 푹 치마폭에 얼굴을 묻는다.

담홍이는 커다란 핸드백을 들고 처음부터 아무 말이 없다. 머리는 푸시시하니 헝클어져 있으나 눈은 그전같이 뚱그런 게 찻속에서 시달린

탓인지 띠꾼하다.

눈가엔 약간 검버섯이 끼고 낯색이 바짝 희게 질려서 윗니틀이 좀 두드러진 것 같다. 운히와 운규를 한참 묵묵히 내려다보다가 슬며시 옆으로 돌려세우고 고무신을 토방에 벗어 놓고 방 안으로 들어간다. 나지막한 병풍을 둘러세우고 그 위로 흰 포장을 늘인 뒷목을 한참 동안이나 바라보고 섰으나 그는 무표정에 가깝다.

목을 놓고 울던 어머니가 이마와 얼굴에 뒤엉키는 파뿌리 같은 눈물에 젖은 머리카락을 두 손으로 치켜올리면서 반가움인지 슬픔인지 노여움인지 분간하기 어려운 표정으로 그를 쳐다볼 때 비로소 담홍이의 커다란 두 눈에는 핑 하니 물기가 떠올랐다.

4

장례를 치르고도 담홍이 누이는 가지 않았다. 남에게 매인 몸인들 삼우제도 안 치렀는데 그대로 가 버릴 리는 없을 터이니, 아무런 갈 채비도 차리지 않는 것은 이상할 것도 없으나 가지고 온 고리짝을 끌러서 그 속에 든 알맹이를 펼쳐 놓을 제, 운봉이는 누이가 서울을 아주 떠나온 것이 아닌가 하는 의심이 안 생길 수 없었다.

철이 지난 백구두, 선기가 나서부터는 입지 못하는 여름 옷가지, 무엇보다도 푸런 모기장, 이런 것들은 집에다 버리고 가려고 일부러 싣고 온 게라면 몰라도 그렇지 않은 바엔 닥쳐오는 가을이나 겨울엔 소용없는 물건들이었다. 그리 크지도 않은 고리짝 속엔 이 대신에 별로 몸에 지닐 만한 물건도 없다.

벌써 일 년 반이나 지낸 일이기는 하나 처음 서울 가 몇 달 만에 박아 보낸 사진과 같은 양장은 어느 구석을 털어도 나오지 않았다. 지금은 입지 않는 옷가지가 몇 벌 주름살이 고깃고깃 구긴 대로 뭉치어 있으나 별반 값나는 옷가지는 아니다. 지금 당철에 입을 옷은 하나도 없다.

또 하나 수상한 것이 있다. 누이는 적어도 백 원 한 장은 가지고 오리라 생각했던 것이, 내놓는 것을 보니 40원이 좀 남짓할 뿐이다.

"전보를 일찍 받았더면 좀더 돈이래도 둘러보잘게 내가 그 집을 나온 지가 얼마 된 때문에 이틀을 걸려서야 나 있는 하숙을 찾어왔으니 급작스레 돈 맨들 구멍이 있어야지."

그래 아무런들 주인한테 고만 돈이야 못 두를 것이냐고 어머니는 생각하는 모양이나, 딸의 모양이 뜻밖에 최최한 데 질리어서 그는 아무 말도 안하였다. 우선 삼우제나 지내 놓고.

그래서 통히 이런 것에는 눈이나 마음을 파지 않고 삼우제까지를 치렀다. 뫼에 갔다 오니 방은 휑한데 아편쟁이 아버지 대신에 윗간 구석에 초라한 혼백상이 하나 덩그러니 놓여 있다.

이 혼백상만 해도 하루 세 때를 변변히 해 바치지 못할 처지라면, 그리고 삭단제니 졸곡제니는 말두 말구 죽은 날 3년 동안 제사는 해야 안하느냐구 말이 많아져서 아예 당초에 법식 따라 하지 못할 바엔 혼백을 부르는 게 어떻느냐는 말까지 있었으나, 남들이 보나마나 해도 그럴 수는 없다고 저렇게 인조견 자박이나마 늘어 두게 한 것이었다.

삼우제까지를 치르고 나면 아버지를 위한 의무는 우선 풀어져 버린다. 담홍이 누이는 저만 바란다면 서울로 돌아갈 수도 있고 운봉이와 운히는 학교에를 다시 가야만 한다.

저녁을 이럭저럭 치르고 나서 마실 왔던 학구 어머니마저 다녀가니 처음으로 단촐하게 가족끼리 방 안에 모이었다.

운규는 며칠 동안 바쁜 틈에 들볶인 탓에 벌써 아랫목에 네 활개를 펴고 곯아떨어졌고 운히는 궤짝 뒤와 발치 구석과 혼백상 다리 밑으로 머리를 틀어박고 흩어진 책을 모으기에 바쁘다. 한참씩 꺼꿈서서 다리를 뒤로 뻗고 네가닥거리다간 먼지 묻은 책을 꺼내 들고 '운봉이 산술책 못 봔' 하고는 이편을 본다.

모아 온 책을 시간표대로 책보에 싸서 머리맡에 놓고 휑하니 아랫목으로 내려가는 품이 어딘가 처녀꼴이 난다.

아버지가 학교를 떼서 기생으로 넣야 쓴다고 고래고래 소리를 지르며 안달을 부릴 때마다 밥도 채 못 먹고 책보를 들고 학교로 뛸 때에 아직 철딱서니 없는 어린애만 같더니 저렇게 채국채국 제 할 일을 치른 것을 보면 제법 색시티가 나는 것 같다.

윗방 샛문턱에 팔굽을 세우고 멍하니 이것을 보다가 운봉이는 밖으로 나왔다. 나와도 갈 데가 없다. 학구한테나 갈까 했더니 그는 지금 밤대거리가 되어 이 곳서 한 오 리 가량 되는 광산 기계간에 가 있을 게다. 아무래도 가고 싶지 않아서 캄캄한 토방에 쭈그리고 앉았다.

운히가 책보를 꾸리는 것을 보나마나 벌써부터 운봉이도 내일은 학교에 가야 할 것을 생각하고 있었다. 그는 아까부터 이 생각에 골똘했다.

아버지는 이미 세상에 없으니 담임 선생이 데리고 오라던 말은 소용없이 되었다. 그러나 공부를 시키고 안 시키는 열쇠를 쥐고 있는 장본인이 와 있다. 내일 학교에 가는 바엔 이 문제를 단단히 다짐을 받아 가지고 가야만 할 게다.

지금이라도 선뜻 방 안으로 들어가서 바람벽에 기대어 한 다리는 뻗고 또 한 다리는 세우고 외인팔로 머리를 무르팍 위에 괴인 채 움칫도 안하는 담홍이의 낮을 붙들어 세우고 '누이야, 나 서울 공부 시켜 주지?' 한다든가 '전에 약속한 거 잊지 않았지?' 라든가 해 놓으면 만사는 결단이 날 게다. 그러나 이 한 마디는 말이 용이하게 입 밖에 나오지를 않는다. 떨어진 때가 한 이레 된다고 별로 서먹서먹해진 탓도 아닐 게

다. 아버지 세상 떠나자 이건 또 무슨 급살맞은 변이냐구 눈총을 맞을까 두려워 그러는 것도 아닐 게다. 제 입에서 이 한 마디가 나온 뒤에 누이의 입에서 어떠한 판단이 내릴지가 은근히 무서운 것이다.

"염려 마라. 그것만은 결심한 대루 잊지 않았다."

이 말이 과연 제에게 올 수 있는 합당한 말일 거냐. 만일 이 말 대신에

"학교가 다 무슨 태평세월에 하는 치닥거리냐."

소리만 나오게 된다면 그 때에 자기가 당할 불행을 대체 어떻게 처치할 것이냐. 모든 것이 끝이 난다. 모든 것이 불행하게 끝이 난다. 이 불행을 한시각이래도 멀리 물리쳐 보겠다는 의식하지 않은 생각이 그로 하여금 누이와 대뜸 들어가 담판하는 것을 망설이게 하는 것이다. 그러나 부질없는 상상은 곧잘 화려한 환상이 되기 쉽다. 누이에게 말해 볼 게냐 말 게냐를 골똘하게 생각하다가도 어느 사이인지 공상은 그를 학교로 끌고 가서 교실 속으로 몰아넣는다.

"운봉이는 어느 학교를 지원할 생각이냐?"

이렇게 선생이 묻는다.

"경성제일고등보통학교올시다."

기운차게 운봉이가 대답한다.

"학비는 누가 댈 참이냐?"

"서울 있는 제 누이가 대기로 되었습니다."

선생도 놀래고 생도들도 놀랜다. 선생도 부러워하고 생도들은 더욱 부러워한다. 운봉이는 만면에 웃음을 잠그고 의기양양하다.

자꾸만 이런 생각이 앞을 선다. 누이와 담판이야 이러한 결과를 낳게 되면 운봉이의 행복은 하늘가로 둥둥 뜬다.

운봉이는 토방에서 일어난다. 어찌 되었든 누이에게 물어 보자. 낮을

돌려 아랫방을 보니 전등을 윗방으로 올려 걸고 아랫방은 캄캄하다. 그 동안 얼마나 시간이 흘렀는지, 그들은 벌써 잠에 취한 모양이다.

운봉이도 윗방으로 들어가서 전등을 끄고 제자리에 누웠다. 하는 수 없이 이야기는 내일 아침으로 미루어야 한다. 그는 잠을 청하려고 눈을 감았다.

잠이 오지 않는다. 눈은 감기는데 머릿속이 생둥생둥해서 잠을 들 수가 없다. 한 주일 가까운 피로에 지쳐서 자리 속에 몸을 눕히자 온몸은 안식을 요구한다. 그러나 머릿속이 상스럽게 새록새록하다. 간혹 졸림에 휩쓸려 가위에 눌리었다. 그런데 아랫방에서 이야기 소리가 난다. 무엇한테 반짝 눌리었다. 펄떡 소스라쳐 깨는데 아랫방에서 말소리가 들려오는 것이다. 잠 귀에도 똑똑히 들렸다.

"너 언제, 몸이 있선?"

어머니의 묻는 말이다. 이 말만 가지고는 그것이 누구에게 묻는 말인지 똑똑하지 않다. 운히보구도 물을 수 있는 말이기 때문이다. 그러나 아무런 대답도 없다.

"담홍이 벌써 자네?"

또다시 어머니의 재치는 말이다. 그 물음이 단호히 누이에게로 가는 것임은 똑똑해졌다. 그러나 자는지, 깨고도 덤덤한지, 담홍이 누이의 대답은 들리지 않는다. 잇대어 어머니의 긴 한숨이 들려온다. 그러나 그 한숨이 채 끝나기 전에

"넉 달째야."

하는 가는 목소리로 누이의 대답이 들려왔다. 또다시 아무 말이 없고 감감하다.

이 짧은 대화가 무엇을 의미하는 것인지 운봉이에게도 족히 이해할수가 있었다. 그러고 보니 누이의 얼굴과 옷맵시와 고리짝의 내용이 대

충 설명이 되는 듯싶다. 임신 4개월이라면 배도 어지간히 불렀을 게다. 쿠렁쿠렁하니 긴 치마를 두르고 두 손을 늘상 앞치마자락에 읍하던 것이 생각키인다. 그러나 어머니에게는 그런 재주를 가지고는 좀처럼 숨길 수가 없었던 모양이다.

"아이 애비는 뭘 하는 사람이냐?"

한참 만에 다시 어머니의 묻는 말이다. 사실 아이를 배어서 이미 넉 달이 지낸 바엔 그 아이의 아빠가 누구인 것을 아는 것이 어머니에게는 제일 긴요하였다. 물론 어뎃 사람인데 성은 무엇, 이름은 무엇, 본은 어데 하고 묻는 것이 아니다. 그런 건 아무 소용이 없다. 직업이 뭐냐, 좀 더 뾰죽하게 털어서 말하자면 부자냐 가난뱅이냐, 돈냥이나 실히 낼 사람이냐가 궁금한 것이다. 어머니의 간단한 물음에는 이런 내용이 들어 있었다.

담홍이도 어머니의 묻는 뜻을 지나치게 잘 안다. 그러므로 이러니저러니를 길게 늘어놓는 것이 아무 소용도 없는 것, 그리고 긴요한 것을 말하지 않고 딴 변두리를 빙빙 돌았자 어머니의 속만 더 쿨쿨하게 할 것을 잘 알고 있다. 한참 만에 제가 제 자신을 비웃기라도 하는 어조로

"돈 낼 만한 사람 같으면 고리짝 싸 가지구 왔겠수."

이 한 마디는 모든 것을 설명하고 해석하고 결단지었다. 전보 친 뒤부터 자꾸만 뒤틀려 나가는 담홍이에 대한 예측이 지금 이 한 마디로써 그 전부가 설명된 것이다. 그러나 무엇보다도 이 말이 가져오는 타격이 그들에게는 한없이 컸다.

어머니의 입에서는 숨소리조차 안 나온다. 그럴 리야 없겠지, 아무려면 그럴 리야 있겠느냐구, 여태껏 속으로 되씹고 되새기고 하던 것이 이 한 마디에 여지없이 부서져 버린 것이다. 그러나 이 말에 의하여 타격을 받은 것은 어머니뿐만이 아니었다. 윗방에서 이들의 대화를 듣던

운봉이는 거의 머리팍이 돌덩이처럼 감각을 잃어버렸다.

방 안에는 칠흙같이 검은 침묵이 질식할 듯 꽉 찼다. 운구와 운히는 숨소리만이 버러지 울음같이 고요하다.

꿈에 누구한테 쫓기는지 운히는 몸을 뒤채며 끄긍거리고는 입을 쩔갑거리며 깊은 숨을 짚는다. 또다시 숨소리.

하룻밤을 뜬눈으로 새우다시피 하고 아침 일찌감치 운봉이는 자리에서 일어났다. 그는 책보에 교과서와 잡기장과 참고서를 함께 꽁꽁 싸놓았다.

중등학교 입학시험문제집도 떠중을 한참 물끄러미 내려다보다가 다른 책과 함께 보에 쌌다. 그것을 아버지 혼백상 다리 밑에 놓고 밖으로 나갔다. 그는 간밤에 작정한 대로 실행한다.

첫 실행으로 학구를 찾았더니 아직 광산에서 안 왔다.

올 시간이 되었는데 어인 일이냐고 물었더니 명월이가 새벽에 시장한 김에 오다가 묵집에 들렀을 게라고 한다.

운봉이는 묵집에로 갔다. 학구는 구럭을 옆에 놓고 감발하고 지까다비 신은 채 다리를 쭉 뻗고 앉아서 파르스름한 녹두묵에 마늘장을 쳐서 후후 불며 넉가래 같은 술(숟가락)로 연신 퍼넣고 있다가

"운봉이 너 웬일이가? 들어오너라."

하더니 부엌 쪽을 향하여

"오마니, 나 더운 묵 오 전어치만 더 주."

한다. 운봉이는 아무 말도 안하고 방 안으로 들어갔다.

"학구 형이 만낼라구 집이 갔대서."

"날? 날 만낼라구?"

학구는 입에서 술을 빼며 눈이 둥그레진다. 뜨거운 묵을 혀끝으로 슬슬 돌리다가 꿀꺼덕 소리를 내서 삼켜 넘긴다. 빤히 쳐다보는 바람을

운봉이는 점직해서 씩하니 웃었다. 학구도 벼릇하니 마주 웃었다.

"학구 형이 나, 형이 댕기는 기계간에 넣어 다우."

그대로 웃는 낯으로 졸라 보았다.

"머? 네가? 학곤 어떻가구. 내년에 졸업인데 학곤 어떻가구?"

그러나 운봉이가 이 말에 대답하지 않으매 학구도 재차 묻지 않는다. 학교에 다니다가 그만두고 광산으로 가게 되는 6, 7년 전의 자기의 사정이 지금 운봉이를 찾아온 것이라고 그는 이해한다. 묵이 올라왔다. 상 귀퉁이로 마늘장을 밀어 놓으며

"어서 묵이나 먹어."

하고 운봉이에게 권한다.

묵을 먹고 학구를 따라 행길에 나서니 가을 아침의 맑은 햇발이 몸에 상쾌하다. 완일네 자전거포 앞을 지났으나 완일이는 꺼뜩 인사만 하고 아무 말이 없다. 놀려 댄다고 하여도 운봉이에겐 부끄러울 것이 없을 것 같았다. 이제부터는 아무것도 부끄럽고 무서울 것이 없을 것 같았다.

남 매

꽹꽹 언 작은 고무신이 '페달'을 디디려고 애쓸 때에 궁둥이는 가죽 안장에서 미끄러져서 떨어질 듯이 자전거의 한편에 매어달린다. 왼쪽으로 바른쪽으로——구멍 나간 꺼먼 교복의 궁둥이가 움직이는 대로 낡은 자전거는 언 땅 위를 골목 어귀로 기어 나간다. 못 쓰게 된 뼈만 앙상한 경종은 바퀴가 언 땅에 부딪칠 때마다 저 혼자 지링지링 울고, '핸들'을 쥔 푸르덩덩한 터진 손은 매 눈깔보다도 긴장해진다. 기름 마른 자전거는 이 때에 이른 봄날 돌 틈을 기어가는 율모기(뱀의 하나)같이 느리다. 그러나 길이 좀 언덕진 곳은 미처 발디디개를 짚을 겨를도 없이 팽팽하게 바람 넣은 바퀴가 자갈돌과 구멍진 곳을 분간할 나위 없이 지쳐 내려가기도 한다. 심장은 뛰고 가슴은 울렁거린다. 이 때에,

"남의 쟁골 또 타네?"

하는 고함이 등 뒤에서 나면 왈칵 가슴은 물러앉고, 정신은 앞뒤를 분간할 겨를조차 없다. 앞바퀴를 돌각담에 박으면서 거의 엎어지듯이 후덕덕 뛰어내려 돌려다보고 자전거의 주인인 면서기 대신에 계향이를 발견하면 두근거리던 가슴은 좀 가라앉으며, 무엇보다 먼저 안심하는 빛이 그의 표정을 스쳐 간다. 뛰어내릴 때 부딪힌 사타구니가 갑자기 쓰려 오고, 그의 두 눈이 녹초가 쳐서 뎅그렁하니 넘어져 있는 자전거를 보았을 때, 사슬은 끊어져서 흙받치개 옆에 붙어 있고, 고무 '페달'만

싱겁게 핑핑 돌다가 멎는다. 녹슬어서 도금이 군데군데 벗겨진 '핸들'은 홱 비틀려져 있다. 고물상 먼지 구덩이에 박혀 있는 항용 보는 엿장수의 매상품이다. 봉근이는 화가 벌컥 치밀었다. 무엇을 짓부수고 싶은 마음이 가슴 속에 꿈틀거리지만 그대로,

"왜 이래? 남 쟁고 배우는데."

하고 저만큼 대문 앞에 서 있는 누이의 얼굴을 노려보면서 울 듯이 눈살을 찌푸리고 말았다.

"너, 누구 쟁곤데 물어나 보구 타네?"

봉근이는 아무 대답도 안하고 사타구니의 아픈 곳을 비비며 널브러진 자전거를 세웠다. 돌담에 비스듬히 세우고 끊어진 사슬을 집어 차대에 얹고, 다시 바퀴를 다리 틈에 끼운 뒤에 '핸들'을 바로잡았다.

"이전 경쳤다. 그게 누구 쟁곤데 닐르는 말은 안 듣구 만날 쟁고만 타더니."

"차 서방네 집에 온 멘서기 핸데 차 서방보구 허가 맡었다, 뭘. 누는 괜히 민하게 굴어서 사슬 끊어딘 건 난 몰라, 씽."

자전거를 끌고 기운이 빠져서 어슬렁어슬렁 계향이 앞으로 올라간다.

"이 새끼, 차 서방한테 허가 맡었어? 차 서방은 아바지하구 강에 나갔는데."

주먹을 쥐고 머리를 치려는 바람에 봉근이는 자전거를 계향이에게로 탁 밀어 버리고 저만큼 물러 뛴다.

"아이구, 애, 이 새끼."

겨우 넘어지려는 자전거를 붙들고 남치맛자락으로 입을 가린다.

"새끼두 망하겠군다."

계향이는 눈으로 봉근이를 노려보면서 어이가 없어서 웃어 버린다. 그리고는 목을 돌려 차 서방네 집을 향하여,

"김 서기 쟁고 건사하우. 결딴났수다."
하고 고함을 질렀다.

봉근이는 바자(울타리) 틈에 돌아서서 손으로 언 가시나무 가지를 뜯다가 누이의 김 서기 부르는 소리에 속이 또다시 활랑거려 힐끗 누이의 얼굴을 쳐다본 채 그대로 꽁무니를 뺄까 한다.

"애, 봉근아."
하고, 즐겨서 자전거는 탔으나 뒷감당을 맡아서 치를 담력은 없는 자기의 동생을 부드럽게 부르면서 계향이는 약간 쓸쓸함을 느끼었다.

"애, 봉근아. 쟁곤 내 말해 줄게. 집에 들어가서 다래끼(아가리가 작은 바구니) 가지구 아바지 간 데 쫓아가라. 꿍맹이 사냥갔는데 앞강이 사람 탈 만하다더라. 오늘은 아마 큰 고기 잡는대. 주어 닙구, 빨리, 어서 뛔가 봐. 또 멘세기 나오기 전에."

계향이의 낮은 목소리가 끝나기 전에 봉근이는 고슴도치 모양으로 대문 안을 향하여 굴러들어가 버렸는데, 이윽고 차 서방네 집에서 코르덴 당고 즈봉을 입고 기성복 외투를 걸친 김 서기하고 차 서방의 딸 옥섬이가 행길로 나온다.

"남의 하꾸라이 쟁골 가지구 왜들 새박드리 야단이야, 응?"
하면서 김 서기는 물고 나오던 마코 꽁초를 불붙은 채로 길가에 던진다. 그리고 사슬 끊어진 자전거를 바라보고는 침을 한 번 쪽 내뱉고,

"허허, 오늘 큰코 다쳤다. 별수 있나, 계향이 하룻밤 화대는 마루끼 쟁고빵으로 털으야 됐디!"

"그거, 이전 엿장세한테 팔든가 폐양 갖다 박물관에 보관하디. 멘장 나으리 타시는 구루마하구는 너무 초라해."
하고 옥섬이가 깔깔 웃으며 분 떨어진 핏기 없는 얼굴로 계향을 바라본다.

자전거를 받아서 사슬을 빼 짐틀에 놓더니, 김 서기는 장갑 낀 손으로 안장을 툭툭 털며,

"이놈이 이래봬두 내 당나귀다. 말 갈 데 소 갈 데 없이 참 이 놈 타구 세금두 많이 받았구, 뽕나무 심으라구 야단두 엔간하게 쳤다."

"그리구 또 개 새끼두 수없이 짖겠구."

"하하, 아닌게아니라."

하고, 김 서기는 계향이의 말을 다시 받으면서,

"이 종이 아직 시퍼렇게 젊었을 때 촌동리 어귀를 접어들면서 한 번 째르릉 하구 울리기만 하문, 개 새끼는 짖구 닭의 새낀 풍기구(놀라 사방으로 흩어지고) 고양이 새낀 달아나구 아새낀 모여들구 촌 체니(처녀)는 바자 틈에서 침을 생켰는데, 이놈이 이전 다 늙어서 이거 이놈 소리두 안 나네."

양쪽 쇠가 떨어져 없어져서 종은 손으로 누르면 찌륵찌륵 하기만 한다.

"오늘은 또 뱰이 끊어졌으니 돈냥 탁실히 잡어먹게 됐군. 그저 이놈이 동네 오문 이랬거나 저랬거나 말썽이야."

"이왕이면 팔아서 소주나 사게, 날두 산산한데 한잔 먹구 니불 쓰구 낮잠이나 잠세."

제법 사내투로 반말로 받는 바람에 김 서기는 입이 써서 멍하고 섰는 것을 계향이는 다시 한 번,

"여보시게, 서기네 조카."

하고 간드러지게 웃었다.

"허 참, 아침 흐더분히 잘 먹구 간다."

자전거를 끌고 골목을 나가려 할 때 계향이는 웃으면서,

"사랑하는 애인 만낼라문 쟁고 사슬 열 개 끊어두 아깝지 않네."

하고 그대로 웃으면서 옥섬이를 바라보았다.

"왜 이건 또 재수가 안 와서 걱정인가?"

서너 발자국 가다 김 서기는 목을 돌리고 지껄이는데, 옥섬이는 코만 한 번 찡긋하고,

"어떤 사람은 월급 봉투두 터는데."

하였다.

"아이구 아서, 새벽부터 오늘 재수 없다."

"재수가 왜 없어? 오늘 공일이니 집에 있을걸."

셋은 배를 추며 웃고 제각기 갈라졌다.

"엣, 춰!"

"아이, 차겁다!"

긴 남치맛자락이 첫 추위 바람에 펄럭거리며 노랑 저고리의 자주 고름이 종종걸음을 치는 대로 대문 안으로 사라져 없어진다.

어제까지 푸른 강물이 찬바람에 하물하물 떨고 있더니, 오늘 아침 추위에 조양천은 백양 가도서부터 천주봉 밑 저쪽까지 유리창 같은 매얼음이 짝 건너붙었다. 이번 겨울 들어 첫 추위라 매운 바람이 등골로 스며드는 것이 유달리 차갑다. 얼음이 약할 듯싶어 아직 강을 타는 사람은 하나도 없었고, 졸망구니 아이들이 새벽에 가상으로 돌아다니며 아물아물 얼음진 품을 발로 디뎌 보더니 지금은 그림자조차 간 데 없다.

계향이와 봉근이의 의붓아비 땜장이 학섭이는, 강가에 셋방을 얻어 살면서 매년같이 매얼음 진 첫날을 놓치지 않고 꿍맹이와 작살로 고기를 낚는 데 재미를 붙였다. 이즈음 날씨가 겨울로 접어들자, 며칠을 두고 소주도 덜 마시며 강변에만 정신이 팔려 있더니, 간밤에 분 바람이 잠자리에 맵게 스며드는 품이 미상불 강을 붙였으리라 짐작되매, 오늘은 이른 새벽 머리를 털며 자리를 나오자 눈을 비비면서 강가로 뛰쳐나

갔다. 알린알린 기름칠한 거울같이 건너붙은 것을 보고 강 한중복판을 발로 쿵쿵 디뎌 보면서 얼은 품을 시험해 보더니, 아침밥도 이럭저럭 쏜살로 작살과 꿍맹이를 준비해 가지고 차 서방과 함께 조양천 윗목으로 올라갔다.

한쪽 고름이 떨어진 색 낡은 검은 두루마기를 노끈을 이어 칭칭 둘러 감고, 귀에다는 양의 털로 만든 귀걸이를 끼우고서, 빈 다래끼를 든 채 강가로 줄달음질쳐 내려온 봉근이는 강 위를 휘 한번 두루 살폈다. 학섭이와 차 서방의 그림자를 강 위에서 찾아보는 것이다. 그러나 두서너 개 소나무 충충 박힌 외에는 바위와 잎 떨어진 가당나무뿐인 가난한 풍경——산 밑의 강은 은이불을 깔아 놓은 듯이 아침 햇살에 빛나는데 눈에 보이는 것은 끝없이 줄기 뻗은 얼른거리는 비단필, 개 새끼 한 마리 찾아볼 수가 없다. 통쾌하게 건너붙은 강을 보고 흥분하였던 것도 삽시간 은근히 의심이 복받친다.

응당히 아버지와 차 서방은 내 눈에 보이는 이 앞강에서 허리를 꾸부러뜨리고 꿍맹꿍맹 얼음 위를 달리며 고기를 몰고 있을 터인데, 사람도 간 데 없고 하늘을 울릴 꿍맹이 소리도 들리지 않는다.

누이가 또 세무서 인 상하고 놀려고 날 속였나——사실 오늘이 공일이므로 계향이하고 정분난 세무서 윤재수가 대낮에 집에 올 것은 정한 이치다. 무슨 일이 있는지, 이 즈음은 만나면 잘 웃지도 않고 눈만 멀거니 마주 보며 한숨들만 쉬었다. 자세한 곡절은 모른다 쳐도 금년 열한 살밖에 안 먹은 봉근이의 상식으론 그들이 돈 때문에 그러는 것이라는 단정을 내릴 수는 있다. 월급도 몇 품 못 받는 인 상과 좋아 지내는 것을 아버지와 어머니가 싫어하여, 가끔 누이와의 사이에 충돌이 있는 것을 보아 온 터이다. 오늘쯤 나까지 강으로 내보내고 무엇을 의논하든가, 그렇지 않다 해도 대낮에 문 걸고 히히거리고 놀기라도 하려고 일부러

꾸민 수단일 것 같기도 하다. 싸리까치로 튼 고기 비늘 붙은 초라한 종다래끼——이것을 뎅그렁하니 쥐고 섰는 자기가 싱겁기 한량 없어,

"제미 나까타나 볼당 못 볼라구."

하고 어른 같은 입버릇을 하며 침을 뱉었다. 그리고 휙 발굽을 돌리려고 하는데, 그는 그 때에 똑똑히 들었다! 얼음장을 울리고 천주봉을 무너뜨릴 듯한 꿍맹이 소리가 기관총의 소리같이 연거푸 공중에 진동하지 않는가!

"오! 차 서방의 꿍맹이!"

그는 생선 잉어같이 펄꺽 기운을 떨쳐 강가 상으로 달음박질쳤다. 꿍맹이는 어디냐? 작살 든 아버지는 어디 있나? 목을 뽑고 굽어보니 과연 있다, 있다. 강이 휘돌아 굽어진 곳에 낡은 순사 외투를 입은 차 서방이 꿍맹이를 울리며 화살같이 달려나가더니, 한 번 유달리 높게 꿍맹이 소리가 나고 잠시 소리가 멎는 때에, 뒤쫓아 오던 학섭이가 바른손을 버쩍 들었다가 긴 작살을 얼음 구멍으로 던진다. 이윽고 작살이 얼음에서 다시 나올 때에, 봉근이의 두 눈은 꺼먼 작살 끝이 팔뚝같이 번뜩거리는 생선을 물고 있는 것을 보았다.

천주봉이 봉근이의 고함 소리를 받아서,

"어——이!"

대답한다. 봉근이는 아버지가 목을 돌리고 자기를 먼 발로 바라볼 때에 다시 한 번,

"어——이!"

소리를 치고 다래끼를 번쩍 들어 보인 뒤에 강을 따라 위로 위로 뛰어갔다.

얼어붙은 자갈과 모래를 밟으며 쏜살로 달려가서 천주봉 앞까지 이르도록 차 서방과 아버지는 한번도 이쪽을 바라보지 않고, 냄새 맡는 거

먹곰(검은 곰)같이 얼음장을 굽어살피며 고기를 찾기에만 바빴다. 그러므로 목구멍에서 쇤내가 나는 것을 참아 가며,

"아바지, 이제 잡은 거 머야?"

하고 헐레벌떡거릴 때 겨우 아버지는 목만을 이편으로 돌린 채 마치 봉근이가 떠드는 바람에 모여들던 넙치 떼가 도망을 친다는 듯이 말 대신에 험상궂은 상통을 지어 보였다.

봉근이는 핀잔을 맞고 나서 숨만 쓸데없이 씨근거리며, 그래도 먼 발로 본 팔뚝같이 번뜩이던 고기가 넙친가 어핸가 붕언가 알고 싶어 어정어정 강 가운데로 걸어 들어갔다. 얼음은 몰아치는 찬바람에 표면이 굳어져서 언 고무신이 닿을 때마다 물기 하나 돌지 않고 매츠럽기만 하다.

거울 같은 매얼음 속으로 모기 죽은 둥근 자갈과 물이끼와 모래알이 손에 잡힐 듯이 가깝게 보이고, 깊은 곳으로 갈수록 물은 파란 기운을 더할 뿐 지척지간과 같이 들여다보였다. 아버지들 있는 쪽으로 갈수록 이따금 얼음 위에는 꿍맹이를 울린 자리와 먼 곳까지 태 맞은 자리가 잦아지고, 꿍맹이의 자죽(자국)이 서너 개 함께 엉킨 가운데에 뚱그렇게 구멍이 뚫렸는데, 속에서는 물이 하물하물 솟아올랐다.

아까 잡아 놓은 넙치는 바로 그 옆에 눈을 뜬 채로 등허리에 작살 자죽과 붉은 피를 묻힌 채 아직 꼬리를 파르르 떨면서 가로누워 있었다. 봉근이는 만족한 듯이 한참 동안이나 그것을 내려다보다가 침을 꿀꺽 삼키고 들었던 다래끼에 손가락으로 입을 꿰어 옮겨 넣었다.

둘러멜 만한 것도 못 되는 것을 억지로 무거운 것이나 지니는 듯이 다래끼를 어깨에 걸치고 나서 그는 약간 앞산을 바라보았다. 가당나무 숲 속에서 금방 산비둘기 한 마리가 푸드득 날더니, 뒤이어 차 서방의 꿍맹이 소리가 다시 자지러지게 울려 온다. 산비둘기는 산을 넘어 서쪽

을 향하여 하늘을 휘돌아 없어진다.

깍짓동(뚱뚱한 몸집)같이 주워 입은 차 서방이 신이 나서 꿍맹이를 울리며,

"예, 간다!"

"예, 간다!"

소리를 지르고 얼음 위를 암탉 풍기듯이 뛰어 돈다. 그 뒤론 무릎까지밖에 안 오는 달구지꾼의 더럽힌 회색 두루마기를 입은 키가 늘씬한 학섭이가, 키가 넘는 작살을 얼음 속 생선 대구리에 겨눈 채 꿍맹이를 따라 이리 뛰고 저리 뛰고 헤번덕거린다.

봉근이의 가슴은 갑자기 두 방망이질을 하듯이 뛰었다. 그리고 무슨 큰 내기나 할 때같이 가슴이 죄어드는 것 같았다. 그래서 정신을 잃고 차 서방과 학섭이가 콩알 뛰듯이 뛰어 도는 것을 바라보다가 알지 못하는 새에 자기도 그쪽으로 달려갔다.

한 길이나 될까말까 한 맑은 물 속에는 어쩔 줄을 모르는 잉어 한 마리가 가끔 흰 배래기를 번득이며 숨을 곳을 못 찾아 어른거리고 있다. 그러나 잉어는 머리 위에서 연거푸 울리는 꿍맹이 소리에 어리둥절하여 마름포기를 의지한 채 우뚝 서 버리고 만다.

"꿍."

하고 얼음을 뚫은 꿍맹이가 슬쩍 빗서기가 무섭게,

"휙."

소리를 내며 작살이 물 속을 가르고, 그 다음 순간 잉어는 흰 배래기를 하늘로 곧춘 채 마름포기에 박히고 만다. 쇠로 벼른 작살 끝이 잉어 대구리를 끌고 얼음 구멍으로 다시 나올 때 봉근이는 기쁨에 입이 터져서 자기 아버지의 얼굴을 우러러본다. 함석을 가위로 오려서는 납으로 붙여서 물통을 붙여 가며 김치 쪽이나 부친 두부를 손가락으로 집어 넣

고는 사이다 병에서 소주를 따라 마시는 느린뱅이의 땜장이 학섭이가 이렇게 재빠르게 날뛰는 것을 봉근이는 본 적이 없었다.

두 팔로 작살을 들고 꿍맹이 소리에 맞추어 고기를 찌르던 그 긴장한 재주, 그러나 기쁨을 참을 수 없어 봉근이가 발을 동동 구르며 손뼉을 칠 때, 학섭이는 다시 가랑잎을 깨문 듯한 험상궂은 얼굴로 봉근이를 쳐다보았다.

"촐랑거리다 물에 빠질라."

그리고는 또 아무 말도 안하고 얼음장 속을 들여다보았다.

"한 놈은 어데루 갔을까?"

차 서방은 꿍맹이를 집고 봉근이가 생선을 집어 건사하는 것을 보다가 콧물을 찡 풀었다.

"일본집에 가문 50전은 주겠군."

이렇게 혼잣말로 중얼거리더니 학섭이와 함께 도망간 고기를 찾으려 다시 허리를 구부렸다.

동지 가까운 겨울 해는 짧았다. 그러나 해가 모우봉 위에서 남실거릴 때 학섭이네 일행은 다래끼에 차고도 한 꼬챙이가 될 만큼 많은 고기를 잡았다.

해질 무렵이 되매 강 위엔 엄청나게 큰 산그림자가 덮여 등골론 산산한 바람이 스며들었으나, 한 짐 잔뜩 지고 팔이 굽도록 무겁게 든 봉근이는 손끝밖에는 시리지 않았다. 몸에서는 더운 김이 훈훈히 나고 잔등과 겨드랑 밑에는 땀이 찐득하게 흘렀다.

그는 앞서서 언덕을 올라오다가 골목을 휘돌아 자기 집과 차 서방 집을 발견하곤 기쁨을 참지 못하여 소리를 지르며 달음박질을 쳤다.

"고기 한 다래끼두 더 잡았다. 어──이."

"옥섬아, 계향야──."

이렇게 소리소리 지르며 자기 집 대문 안으로 뛰어들어갔다.

봉근이가 고기 다래끼를 고방(살림살이를 넣어 두는 방) 위에 놓고 세수 소랭이(대야)에는 꼬챙이에 꿰었던 것을 옮겨 놓았을 때, 계향이는 세 살 난 관수 동생을 안고 윗방에서 나왔고, 어머니는 부엌에서 손에 물을 묻힌 채 뛰어나왔다.

"아이구, 이게 웬 고기라니? 수탠(많이) 잡었다."

"그러게 내가 나가 보라구 안 하던?"

어머니와 계향이는 입이 벌어져서 고기를 내려다본 채 한참 동안이나 움직일 줄을 모른다.

"더 잡을 겐데 꿍맹이 소리 듣구 남덜두 나와서 고만 조끔 잡았다."

봉근이는 제가 잡기나 한 듯이 뽐을 내는 것을 계향이는 웃으면서,

"욕심두, 그럼 남두 잡아야지 너 혼자만 먹간?"

하였다.

"테——테, 차 서방이랑 아바지두 우정 남몰래 잡을라구 웃꼭대기에 서부텀 잡아내려 오댔는데, 모우봉 밑에 오네껜 모두 쓸어 나오는데 그래두 우리가 델 수태 잡았어."

이러고들 있을 때에 뒤쫓아 차 서방과 학섭이가 팔짱을 끼고 들어온다.

"왜, 이건 보구들만 있니? 정 험한 건 물에 좀 씻구, 작은 건 추려서 한 50전어치씩 꿰라. 저녁끼 때 넘기 전에 어서 팔어야 돈냥이나 산다."

학섭이는 작살을 두루마기 섶으로 닦으면서 투덜거리며 서둘러 대는데, 차 서방은 꿍맹이를 기둥 옆에 세우고 또 한 번 코를 찡 풀었다.

"큰 거나 팔구 작은 건 옥섬이네 하고 노놔서 찔개나 하디. 머, 걸 다 팔겠소?"

봉근이는 어이가 없어서 옆에 멍하니 서 있는데 계향이는 아이를 안은 채 아버지를 핀잔 주듯 하였다.

"애가 정신이 나갔구나. 이 좀 벌이 없는데 이게 벌이다. 팔아서 쌀을 사든지 술을 사든지 하디. 우리가 이런 생선을 먹으면 밸(창자)이 꼴려서 죽는다."

차 서방도 팔자는 주장이었다.

어머니는 아무 말도 안하고 서서 이 사람 저 사람의 얼굴들만 쳐다보더니, 그대로 부엌으로 들어가서 바가지에 물을 떠 가지고 나온다.

"인 내우다, 내 할게. 어서 불이나 때우."

학섭이는 손을 걷고 고기를 골라서 대강대강 씻기 시작한다.

"좀 냄겼다 한잔 하야디."

둘이는 쭈그리고 앉아서 중얼거린다.

"여부 있소? 팔다 남은 거 가지구두 술 한 된 치우겠는데."

"아니, 아마 이 좀 이게 귀한 물건이 돼서 다 팔리리다. 미리 좀 내놔야디."

"허리 끊어진 놈두 댓 마리 되니, 그걸 지지구두 너끈히 술되는 없애겠는데 어서 다 꿰서 팝세다. 한 5월 벌문 며칠 두구 땟손에 시장치나 않게 안 디내리."

봉근이는 아무 말도 안하고 고무신을 마루 밑에 벗고 방 안으로 들어갔다.

뒤따라서 계향이도 들어온다. 계향이는 아이를 아랫방에 놓고 혼자서 샛문을 열고 자기 방으로 올라가 버렸다. 관수가 달랑달랑 걸어와서 아랫목에 서서 멀거니 농짝을 바라보고 있는 봉근이의 다리를 붙든다.

"형이 고기 먹어? 고기 먹어?"

이렇게 관수는 봉근이를 쳐다보며 잘 돌아가지 않는 혀로 말을 건넨다.

봉근이는 관수의 말도 들리지 않는 것 같다. 아니, 지금도 문밖에서 중얼거리고 있는 아버지와 차 서방의 말도 들리는 것 같지 않다. 갑자기 사지가 노근하여지며 귀와 발가락이 근질근질하고 머리가 휑하다.

지금까지 어깨에 메었던 것, 그리고 팔이 휘도록 들었던 것——느믈느믈한 피 뚝뚝 흐르는 생선들. 그 많은 잉어와 넙치, 그리고 어해와 붕어.

밖에서는 언 땅에 물 쏟는 소리가 나더니,

"그럼, 차 서방은 아랫동네루 가우. 내 요릿집하구 여관으로 가 볼게. 그리구 파는 대로 두붓집으루 오우다."

하면서 대문 밖으로 나가는 기척이 들린다. 아마 고기를 다 꿰고 씻어 가지고 팔러 나가는 모양이다.

이윽고 윗방에서 계향이가 담배를 붙여 물고 연기를 푸 내뿜으며, 봉근이 옆으로 내려왔다.

"에나, 이거 가지구 호떡이나 사 머."

봉근이는 계향이가 쥐어 주는 10전짜리를 보고 비로소 정신이 펄쩍 드는 것 같았다. 그는 설움과 분함이 금시에 북받치는 듯이 몸이 일시에 북 떨리었다.

10전짜리 백동전을 잠시 물끄러미 들여다보다가,

"이까짓 돈."

하고 방바닥이 뚫어져라고 메어던진다. 그리고는 터져 올라오는 눈물을 막을 길이 없는 듯이 펄썩 주저앉으며 엉엉 울기 시작한다. 백동전은 방바닥 위에 손톱 자리만한 자국을 그리고, 그대로 띠그르르 굴러서 방걸레 옆에 가 멎는다. 관수가 돈을 따라 그쪽으로 걸어가다가 봉근이의 울음소리에 놀라 이쪽을 쳐다본다.

"이 새끼, 무슨 버릇이야?"

계향이는 낯이 해쓱해지도록 가슴이 뭉클하였다. 그래서 담배를 내던지고 달려가서 돈을 집어 다시 봉근이의 손에 쥐어 주었다. 그러나 봉근이는 누이의 얼굴을 쳐다보지도 않고 돈을 동댕이쳐 내던지며 다리까지 버둥거린다.

"그까짓 돈 없이두."

울음에 섞여서 중얼거리다가 말끝을 덜컥 목구멍으로 삼켜 버린다.

"머이 어드래?"

계향이는 말끝을 쫓아가며 따지려 든다.

"호떡 안 먹어두 산다."

봉근이의 말이 채 떨어지기 전에 무섭게 쳐다보던 계향이의 바른손은 봉근이의 눈물에 젖은 왼볼을 후려갈겼다.

"이 자식 죽어 버려라."

계향이는, 땅바닥에 넘어졌다가 다시 일어나 앉아서,

"왜 때려?"

하며 대드는 봉근이를 남겨 두고 자기 방으로 조급하게 올라왔다. 그리고 이부자리 갠 데다 푹 얼굴을 묻고는 소리 안 나게 흑흑 느껴 울었다.

부엌에서 밥을 짓던 어머니는 방 안에서 남매끼리 다투는 소리를 송두리째 들을 수는 없었으나, 계향이가 봉근이를 두들기는 원인이 어디 있는지를 알고 있는만큼, 계향이의 주먹이 봉근이를 후려치는 소리는 자기의 가슴을 쑤시는 거나 같이 아프고, 뒤이어 엉이엉이 우는 봉근이의 울음소리에 피는 끓는 솥처럼 설레었다.

아침부터 종일 두고 하는 소리와 짓이 자기에 대한 공치사와 지청구뿐이었다. 그래도 아무 말 않고 내버려 두었더니 어미 볼을 후려갈기지는 못해 강바람에 빨갛게 핏빛이 운 봉근이의 뺨따귀에 분풀이를 하고야 마는구나. 계향이와 봉근이의 아버지 김일구가 죽은 뒤 얼마나 자기는 살아가려고 애를 태웠던고. 그 때 자기는 겨우 스물여섯 살, 계향이는 아홉 살이고 봉근이는 세 살에 났었다. 아이 둘을 옆에 하나씩 끼고 홀몸이 된 자기는 할 수 있는 일이면 뭐든지 하려고 하였다. 광산에 가서 굴 속에 가서, 혹은 기계간에 가서 장정과 같이 뼈가 가루 되도록 일할 생각도 먹었다. 그래서 죽는 한이 있어도 계향이가 가는 보통 학교 2학년은 계속해 다니게 하려고 하였다. 그러나 일자리를 안 준 건 광산 회산가 세상인가 몰라도, 자기는 며칠 안 되어 세상 여편네가 먹는 결심이란 만일 굳건한 용단력이 있다면 죽음밖에 다할 길이 없다는 걸 알게 되었을 뿐 계향이——그 때는 봉희라 불렀건만 그의 공부도 가갸거겨에서 끊어지고 쌀밥이 조밥 되고 밥이 다시 죽이 되는 한 해 동안, 해 보고 맘껏 부대껴 보고 생각한 끝이 재가(재혼)였다. 그 때 김학섭이는 말뎅이 금광이 한참 경기가 좋을 때라 하루에 손에 집는 게 돈이었다. 매일같이 생기는 함석 지붕 물수채, 학섭이는 하루 해 있을 때까지만 어물거리면 돈 2원은 헐하게 잡았다. 지금 계향이가 자기를 나무라는 것이 재가한 데 있다면, 대체 그 때의 자기로서 이 길 아닌 어떠한 방향이 남아 있었단 말이냐. 그 때 김학섭이는 게으름뱅이도 아니었고, 술은 안하는 축은 아니었으나 가끔 먹으면 걸걸하게 웃고 애들과 놀다간 씩씩 자버리곤 했다.

한푼 생기면 쌀보다 소주를 찾게 되고, 술 한잔 마시면 한 되 사오라고 집안 사람과 지트럭거리고 낮도 안 닦고 검버섯이 돋은 채로 쭈그리고 공술잔을 거두러 다니게 된 것은 말뎅이 광산이 폐광이 된 뒤, 평양을 거쳐 3년 전 이 곳에 온 뒤부터다. 그래도 자기는 기생으로 넣기를 얼마나 반대했을까. 그 때 앞집 차 서방 딸 옥섬이의 새 옷이 부러웠는지, 찾아다니며 노는 젊은 녀석들과 시시닥거리는 것이 부러웠는지는 모르나, 기생 권번에 들어간다고 서두른 것은 아비도 아비려니와 기실은 봉희 자신이 아니었던가. 기생 허가가 나와서 버젓하게 요릿집에 불리게 되는 동안 1년하고도 반 년이나 1원 50전씩 월사금을 물고 소리 선생이 왔다고는 3원, 검무 선생이 왔다고는 5원씩——그것을 마련하느라고 쓰인 앤들 어찌 아비에게 없었다 할까. 지금 돈푼이나 들여다 쌀되나 사는 날이 며칠이나 되었길래 벌써부터 서방에다 제 좋고 나쁜 걸 가리려 들고, 걸핏하면 어미 노릇 한 게 뭐냐구 지청구가 일쑤란 말이냐.

어머니는 손끝에 물이 젖은 채 문을 열어젖히었다.

"얘가 누구한테 할 분풀일 못해서 아일 때리구 야단이가? 그래, 네 에밀 못 잡아먹어 아침부터 독이 올라서 법석이냐?"

어머니가 성이 나서 덜렁거리는 바람에 땅바닥에서 돈을 만지작거리던 관수가 자겁에 놀라 샛문으로 달려가서 어머니에게 매어달리며 집었던 돈을 내어준다. 어머니는 관수를 부둥켜안고 올라와, 나지도 않는 젖을 옷섶을 비집고 물려 주었다. 안팎을 융으로 만든 때문은 저고리 속으로 맥없이 늘어진 젖통을 쥐고 힘들여 빠는 소리가 쫄쫄거리며 들린다. 와락 한마디 화를 쏟으면 좀 속이 풀릴까 했더니, 어머니의 속은 가라앉지 않고 오히려 하고 싶은 말이 더 목구멍을 치받치었다. 그는 목소리를 억지로 낮추어 차근차근 이르는 말같이 하려고 애쓰면서,

"이젠 네 나이두 셀 새면 열아홉이야. 그만했으면 세상 물게두 알구 집안 살림살이두 채잡아 할 나인데, 부모가 이르는 말이라믄 역정이 나서 한사하구 말대답이디. 애비가 한 마디 하믄 열이 올라서 사흘 나흘 집안 사람을 못살게 굴구."

이렇게 중얼거리면서 그는 위칸 딸의 기색을 살피느라고 말을 멈추었다.

계향이는 울기를 멈추고 이불에서 얼굴을 들고 멍하니 어머니의 말을 귓등으로 듣는 것 같았다. 그래서 어머니는 다시 일층 목소리를 낮추어서 타이르듯이 이야기를 꺼내려고,

"오늘 일만 해두 아침에 내가 한 말이……."

까지 하였는데 뜻밖에 계향이의 목소리는,

"듣기 싫여! 한 말 또 하구 한 말 또 하구."

하고 말문이 막히도록 쏘아 버린다. 어머니는 말을 뚝 끊었으나 오히려 냉정하게 가라앉았다. 오냐, 그것이 딸이 어미에게 대하는 태도라면 어미도 또한 이 이상 더 붙잡지 않으리라.——그의 해쓱해지는 낯빛은 이렇게 말하는 듯이 잠깐 묵묵히 앉았다가 갑자기 관수가 물고 있는 젖꼭지를 쭉 빼고 벌떡 일어섰다. 관수가 놀라 불티가 튄 듯이 소리를 지르며 울기 시작한다. 어머니의 정신은 그러나 관수의 울음으로 헝클어지지 않고 일어서는 대로 와락 샛문을 잡아 젖히고 윗방으로 올라간다.

"이년!"

이렇게 한 번 소리 지르기가 무섭게 어머니의 손은 계향이의 머리카락을 덥석 쥐었다.

"두말 말구 네 맘에 드는 서방 데리구 맘대루 치타거리면서 살어라!"

그러나 눈시울이 약간 부어오른 계향이도 비록 머리칼을 잡히기는 하였으나, 매서운 눈초리로 어머니의 얼굴을 낮짝이 뚫어지라고 바라보는 품이 예상보다 녹록할 것 같지 않았다. 아랫방에서 관수와 봉근이가 달려와서 엉이엉이 울며 두 사람을 하나씩 부여안고 그 새에 끼여 선다.

"너는 그래, 서방 몰르구 이태 살어왔니?"

한참 바라보던 계향이의 빨갛게 핏빛이 운 입에서 이 말이 튀어나오자, 어머니는 정신이 아찔해지는 것 같았다. 연하여 계향이의 독살 오른 목소리가 어머니의 찌그러진 표정을 향하여 조약돌을 던지듯이 튀어나온다.

"애비라구 가갸잘 변변히 가르켜 줬단 말인가? 밥을 알뜰히 멕여서 남처럼 호사를 시켰단 말이냐? 기생질 해서 양식 대구 몸 팔아서 술 멕인게 이붓자식 된 큰 죄가 돼서 술독에 넣어 치다꺼릴 못 시켜 죽일 년이란 말이냐? 할 거 다 하구 틈틈이 내 좋은 서방하구 즐기는 게 원수가 돼서 술 먹었노라구 아우성이오? 술 안 먹은 건 정신이 말쩡하다구 에미 애비된 자세루 사람을 졸라 대닌 나가라믄 나가지. 엄매 그늘 밑에서 흔하게 잡은 물고기 한 마리 먹어 본걸."

홱 뿌리치는 바람에 어머니는 멍하니 잡고 섰던 머리카락을 놓치고 좀 앞으로 비틀거렸다. 계향이는 치맛자락을 쥐고 섰는 봉근이를 물리치는 대로 방문을 열고 밖으로 나갔다. 저녁 산산한 바람이 열 오른 얼굴을 차갑게 스치고 간다. 귀가 씽——하고 열리면서 방 안에서 아이들 우는 소리가 유난히 요란스럽다. 그는 한참 동안 정신을 잃고 선 채로 앞산을 바라보았다.

곤하게 들었던 잠이 대문에서 두런거리는 말소리로 깨어 보니 창문이 훤하게 밝았다. 봉근이는 한번 잠이 들면 부둥켜 일으키기 전에는 누가 뭐라고 떠들어도 깨지 못하는 성미였는데 대문 어귀에서 웅얼거리는 술 취한 아버지의 말소리에 기급을 하여 소스라쳐 깨어난 것은 이상스런 일이었다. 전에는 제 옆에서 술을 먹으며 노래를 부르고 별짓을 다 해도 잠을 깨어 본 일이 없는데, 집이 바뀌어 잠자리가 달라지고 아버지가 주정을 하러 올 것을 미리부터 근심하면서 자던 때문인가? 어쨌든 그의 신경이 그만큼 아버지의 목소리에 예민해져 있던 것만은 사실이었다.

그것도 그럴 것이——어제저녁 물고기 사건으로 어머니와 누이의 싸움이 마루턱에까지 벌어진 채 누이는 생각을 돌리지 않고 그날 밤으로 대강한 것을 꾸려 가지고 봉근이와 함께 이 집——이 고을 본바닥 기생 명월 네거리째 두 방을 빌려 가지고 이사해 버렸다. 방에다 불을 넣고 나서 계향이 누이는 우선 아랫방에 돗자리를 깔고 이러저러한 방치장만 해 놓고는 돈 변통을 나가는지 그 발로 어디엔가 돌아다니다가 요릿집으로 불려간 모양인데, 봉근이는 혼자서 위칸 아랫목에 이불을 펴고 엎드려서 학교서 배운 것을 두어 장 복습하는 척하다가 누이는 오지 않고 이사한 것을 모르고 있던 학섭이 아버지가 달려와서 집을 부수고 지랄을 치지나 않을까 근심하며 잠이 들었던 것이다. 꿈에도 여러 번 주독에 코가 빨개진, 검버섯이 돋은 학섭이의 얼굴을 보며 자던 터이라, 그리 높지 않은 말소리에 이같이 눈이 뜨인 모양이다.

밖에서 들린 목소리가 무슨 말인지는 몰라도 그것이 아버지의 것임에 틀림없다는 것을 알았을 때엔 그는 약간 몸서리가 쳐지고 가슴이 두근거렸다.

누이——누이는 아랫방에 들어와서 자고 있는가. 만일 누이가 없다면 이 봉변을 혼자서 겪지나 않을까 하는 생각과 누이가 없으면 욕이나 몇 마디 하고 가 버릴 것이니 오히려 누이가 간밤에 집에 오지 않고 좋아하는 '인 상'하고 어디서 밤을 샜으면은——하는 두 가지 생각이 서로 엉클려서 머릿속에 뒤끓는다.

뒤쫓아 아버지가 대문 어귀를 돌아 뜰 안에 들어서는 발자국 소리가 난다.

"이 고약한 년 같으니, 배은망덕하는 년 같으니."

이렇게 혀 꼬부라진 소리로 중얼거리더니 족제비 잡으려고 파 놓은 구멍에 다리가 빠졌는지 쿵 하고 넘어지는 소리와 '에익!' 하며 다시 일어나는 기척이 들린다.

마루에 올라서는 쿵 하는 소리를 들을 때엔 봉근이는 그대로 있을 수가 없어서 이불을 푹 뒤집어썼다. 안으로 건 문을 덜컹거리며 열라고 야단을 친다. 아랫방에서 낑——하고 잠이 깨는 기척이 들린다. 계향이는 낑——하는데 입을 쩔갑쩔갑 씹는 자가 또 하나 있는 것을 보면, 아랫방에서 자는 것은 계향이 누이뿐이 아닌 모양이니 만일 '인 상'과 같이 품고 누웠다면 아버지와의 이 봉변을 어찌 감당할 것이냐? 항상 미워하고 말끝마다 욕질하던 '인 상'이 계향이와 둘이 누웠는 것을 다른 날도 아닌 오늘 이 때에 본다면은 검버섯이 돋은 학섭이의 얼굴은 호랑이같이 무서워질 것이요, 그의 두 손은 독수리가 병아리를 채듯이 두 사람을 덥석 쥐고 갈래갈래 찢어 버리고 말 것이다. 봉근이는 머리 위에서 폭탄이 터지는 것을 기다리는 마음이었다.

이윽고 안에서 문 여는 소리가 나고 문이 삐익 소리를 내며 열리더니 웬일일까, 그 뒤에 올 화약 터지는 소리가 들리지 않는다. 한참 문이 열린 채로 있더니 뜻밖에 학섭이는 서투른 말씨로,

"도-모 시쓰레이, 하하 오소레오이데쓰.(정말 실례, 하하 죄송합니다)"
하고 굽실거리는 품이었다. 그리고는 문을 가만히 닫고 달음박질이나 치듯이 건너 종종걸음으로 대문을 나가 버린다.

"하하하, 야꼬상 후루에데 이야가라!(저놈, 떨면서 가는군)"
아랫방에서 사나이의 목소리가 탁하게 들려온다.

봉근이는 처음에는 자기의 귀를 의심하였다. 그러나 이불 밖에 얼굴을 내놓고 아무리 전후를 생각하여도 그것은 틀림없는 사실이었다.

'인 상' 하고 품고 있다가 학섭이한테 찢겨 죽는 한이 있다 쳐도 봉근이는 아랫방에서 계향이가 몸을 맡기고 있는 사나이가 '인 상'이기를 얼마나 원하였을까.

그러나 그는 그 때문에 여태껏 아버지 어머니와 충돌하였고, 또 이사까지 하게 된 학섭이가 매일같이 같이 자라고 원하던 식료품 가게의 젊은 주인이었다.

물론 계향이가 몸을 맡긴 사나이는 봉근이가 아는 것만 해도 반 타(다스)는 넉넉하다. 그러나 돈 없고 구차한 세무서 '인 상'——윤재수하고 좋아 지내게 된 다음부터는 결코 다른 사나이와 잠자리를 같이하지 않았다. 아버지 어머니가 큰 돈이 떨어진다고 아무리 졸라도 들으려고 하지 않았고, 구박이 심하면 심할수록 그는 더욱더욱 완강하게 그들과 싸

웠다.

 봉근이는 아버지한테 맞고 어머니한테 갈퀴면서도 구차한 윤재수와 좋아하며 종시 다른 남자에게 몸을 허하지 않는 계향이를 볼 때에, 무슨 숭고하고 신성한 것을 발견하는 것같이 누이가 우러러보였다. 평양 가서 여학교에 다니다가 방학 때마다 돌아오는 누구누구의 평판 높은 처녀들도 이렇게 신성하고 마음이 깨끗할 것 같지 않았다. 그는 학교 동무들이,

 "깅호꽁(김봉근) 매부 한 다쓰? 두 다쓰?"

할 때에도 천연히 속으론 '네 누이들보다 깨끗하다'고 생각하면서 그는 부끄러움을 느끼지 않았다. 이 세상에 사랑도 쥐뿔도 없으면서 돈 때문에, 명예 때문에 얼마나 많은 처녀들이 나이 많고 개기름 흐르는 사나이의 첩으로 시집을 가는지를 봉근이는 잘 알고 있었기 때문이다.

그렇던 계향이가 이것이 웬일일까? 물론 집을 뛰쳐나왔으나 간조 찾을 날은 멀었고, 돈 한푼 없이 살림을 해 갈 채비가 막연해서 홧김에 먹어 놓은 술기운에 이 일을 저질러 놓은 것을 봉근이도 상상할 수 있다. 그러나 그러한 속에서 여태껏 부모와 주위와 싸워 왔길래 누이는 훌륭하였거늘, 결국 돈 때문에 몸을 단 한번이나마 맡기고 말았다면 어느 모를 취할 길이 있을 터이냐. 어머니와 다투고 집을 뛰쳐나오는데 봉근이가 쫓아나온 것도 그것을 믿고 따랐던 때문이 아니었던가!

봉근이는 모든 것이 더러워 보였다. 아버지, 어머니, 누이──모두가 더럽고 구려 보였다. 세상에는 숭고하고 신성한 것은 도무지 찾을 수 없는 것 같았다.

벌써 해가 치밀어 앞으로 한 시간이면 학교가 시작될 것이다. 봉근이는 무거운 머리를 들고 맥없이 자리에서 일어났다. 아랫방에선 다시 잠이 들었는지 조용하다. 봉근이는 낮도 씻지 않고 아침도 찾아 먹을 생각 없이 책보를 들고 방을 나섰다.

"얘, 조반 안 먹구 발쎄 학교 가니?"

대문을 나서려고 할 제 이러한 누이의 소리가 들렸으나 그는 들은 척도 안하였고, 또 듣는 것까지도 더러운 것 같았다.

골목을 돌아서서 발샛길을 걸으며 봉근이는 더러운 하수구 속에서 삐어져 나온 것같이 마음이 깨끗하고 일신이 가벼웠다.

아랫동리에서 오는 길과 합하는 곳에서 5학년 선생의 아들을 만났다. 그는 봉근이보다 한 학년 위인데 몸은 그와 비등하다.

코 흘린 자국이 발갛게 난 얼굴을 싱글싱글 하며 서너 발자국 앞으로 뛰어가면서 홀쩍 얼굴을 돌리더니,

"깅호꽁. 매부 몇이든지? 한 다쓰? 두 다쓰?"

하곤 닝금닝금 뛰어간다. 봉근이는 항상 듣는 이 말이 지금같이 모욕적으로 자기를 충격한 것을 경험한 적이 없었다. 어저께로부터 오늘 아침까지 보아 오고 겪어 온, 아니, 나서 이만큼 자라기까지 경험한 가지가지의 더럽고 추한 것들이 함께 뭉쳐서 덩어리가 되어 그의 얼굴 위에 떨어지는 것 같았다.

"깅호꽁. 매부 한 다쓰? 두 다쓰?"

다시 이렇게 곡조를 붙여서 외면서 선생의 아들은 저만큼 뛰어가고 있다.

봉근이는 더 참을 수가 없었다. 와락 두 주먹을 쥐고 모자도 책보도 길 위에 집어 던지고 뒤를 쫓아갔다. 선생의 아들은 여느 때와는 다른 봉근이를 보고 겁이 나서 달음박질을 치는데, 봉근이는 길이고 밭이고 얼음이고 분간 없이 지금 따르고 있는 것이 누구인지도 잊어버리고 두 주먹을 쥔 채 죽기를 한하고 자꾸만 쫓아간다.

조명희

저기압
농촌 사람들

지은이

1894~1938년. 호는 포석, 목성, 필명은 적로. 충청북도 진천에서 출생.
1920년에 희곡 〈김영일의 사〉를 발표하면서 작품 활동을 시작했다. 1924년
에는 자아의 절망을 과장되게 표출한 시집 《봄 잔디밭 우에》를 출간했으며,
1925년에 카프에 가담해 마르크스주의를 공부했고, 단편 〈땅 속으로〉, 〈농촌
사람들〉, 〈한여름밤〉, 〈낙동강〉, 〈아들의 마음〉 등을 발표했다.

저 기 압

생활난 · 직업난으로 수년을 시달려 왔다.

이 공황 속에서도 값없는 생활——무위한 생활로부터 흘러나오는 권태는 질질 흐른다. 공황의 한 재를 넘으면 권태. 또 한 재를 넘으면 권태.

생활(먹고 사는 일)이라는 줄에 마소 모양으로 정신없이 돌아다볼 때,

'이게 다 무슨 생활이란 것이야……? 네가 참으로 생활다운 생활을 하려면 지금 네 생활을 저렇게 값없이 만드는 현실—— 그 속을 정면으로 파고 뚫고 들어가서 냅다 한번 부딪쳐 보든지 어찌든지. 밤낮 그 늘어진 개꼬리 모양으로 질질 끌고 가는 생활의 꼴이란 것은 참 볼 수 없다. 차라리 망골편으로 기울어지려면 데카당이 되거나. 우로 올라붙든지 알로 떨어지든지 할 것이지 여름날 쇠불알 모양으로 축——늘어져 매달린 생활!'

이 모양으로 폭백을 하고 싶다.

'십 년 만에야 육삼봉하다 얻어 걸렸다.'는 격으로 신문기자라는 직업을 겨우 얻어 가지고 '이제는 생활 걱정의 짐은 좀 벗었으려니.' 하였으나, 또한 마찬가지로 생활난은 앞에 서서 가고 권태는 뒤 서서 따른다.

열한 시가 지나서 신문사 입문 댓돌 위에 무거운 발을 터덕 올려놓았다. 오늘도 또한 오기 싫은 걸음을 걸어왔다.

힘없는 다리로 이층 층대를 터벅터벅 올라가 편집실 문을 떠밀고 쑥 들어섰다.

"에헤, 이것 봐! 묵은 진열품들이 벌써 와서 쭉 늘어 앉았네. 어제나 오늘이나 그저께나 내일이나 멀미나게 언제나 한 모양으로……. 그런데 이 물건이 제일 꾀찌로 왔고나!"

자리에 가 궁뎅이를 터덕 붙이고 앉아서 휘——한번 돌아보았다.

맞은편 ××부원 가운데에도 가장 특색있는 한 사람이 먼저 눈에 들어온다. 키가 작고 채가 앙바틈하고 눈·코·입이 다다구다다구 붙은 것이 조선 사람으로 대면 뒷짐 지고 딱 바치고 서서 기침을 '아햄아햄' 하는 시골 구석의 골생원님이요, 서양 사람으로 대면 작은 키에 큰 갓 쓴 '멕시코' 사람이요, 짐승으로 대면 고슴도치요, 물건으로 대면 장방울이다. 장방울로 일생을 대굴대굴 굴러가는 것도 가깝한 일이라고 생각하였다.

바른편 ××부 기자 의자에 앉은 부장——장이란 글자부터 밉다——어쨌든, 신수가 멀끔하고 살이 부둥부둥 찌고 미련한 눈찌, 투미한 두 볼과 입——이것은 도야지다. 도야지 가운데에도 팻물 벗은 귀족——자작이나 남작의 지위쯤 되는 도야지다. 도야지가 세월을 먹어 가는 일도 기막힌 일이라고 생각하였다.

그 밖에 또 누구누구…….

문 여는 소리가 빠드득 나며 영업국에 있는 부원이 하나 들어온다. 딱 벌어진 어깨, 새카만 얼굴, 홀쭉한 키 맵시에 강똥강똥하는 걸음세가 마치 두 손을 마구 치며 '띠라따따 띠라따따' 하고 강중강중 뛰노는 사람 같다. 소반 위에서 재주 넘는 인형이 아닌 담에야 '띠라따따'로 언제나 이 대지 위에서 뛰기만 하는 것도 딱한 일이라고 생각하였다.

또 누구누구, 네모난 상자 속 같은 이 방 안에서 우물우물 하는 것들.

"모두 왜 이모양들이여……. 수채에 내어던진 썩은 콩나물 대구리 같은 것들이……."

"이 시대, 이 사회는 수채인가……? 더구나 이 신문사 안이……."

그러나 이 콩나물 대구리들도 기발한 경우 기특한 일을 하게 할 때는 썩은 콩나물 대구리가 아니고 펄펄 뛰는 훌륭한 크리추어. 아니 인간이 될 것이다.

'때는 이때!'

'우리에게 ×××××× 그렇지 않으면 ××××!' 하는 호명 밑에 '×××라, ××, ×××××, ×××!' 할 때가 된다면, 아, 이 인간에게도 영광의 피가 끓으리라! 이네들의 앞에도 개인 하늘이 열리니!

또는,

'넓고 개인 봄 들 위에 햇빛이 널릴 때 걸낭은, 이해없이 모이자꾸나, 봄잔치 하러 모이자꾸나. 봄춤을 추려 모이자꾸나.'

할 때에는,

'동무여, 내 손을 너 잡아다고. 네 손을 내가 잡자!' 할 수도 있을 것이다.

그러나 지금 이 속에는 권태가 흐른다. 괴이는 술 모양으로 들떠서, 썩어서 '부글부글 피──' 하는 소리가 난다. 냄새가 난다. 어찌하여 이 모양으로 되나?

여기에는 생활이 없다. 생활의 기초적 조건이 되는 경제가 사회적으로 또는 개인적으로 파멸이 되었다는 말이다. 따라서 다른 생활도 파멸되었다는 말이다.

이 땅의 지식 계급…… 외지에 가서 공부깨나 하고 돌아왔다는 소위

총후 자제들, 나갈 길은 없다. 의당히 하여야만 할 일은 용기도 힘도 없다. 그거다. 자유롭게 사지 하나 움직이기가 어려운 일이다. 그런데 뱃속에서는 쪼르륵 소리가 난다. 대가리를 동이고 이런 곳으로 데밀어 들어온다. 그러나 또한 신문사란 것도 자기네들 살림살이나 마찬가지로 엉성하다. 봉급이란 것도 잘 안 나온다. 생활난은 여전하다. 사지나 마음이나 다 한가지로 축——늘어진다. 눈만 멀뚱멀뚱하는 산 진열품들이 죽 늘어 앉았다.

오늘도 월급이 되네 안 되네 하고 숙덜숙덜들 한다. 월급이라고 맛본 지가 서너 달 되나 보다.

간부통인 기자 하나가 앞으로 서슴서슴 걸어오며,

"오늘도 월급이 안 되겠다네!"

일할 마음도 없이 조는 듯 생각하는 듯하던 나는 이 소리에 정신이 펄쩍 났다. 무의식적으로 얼른 그 사람의 얼굴을 한번 쳐다보고는 다시 고개를 푹——숙였다. 낙망이 와서 가슴을 지그시 누른다. 집일이 눈앞에 휙 지나간다. 사실 오늘 아침에도 시덥지 않은 연극을 한바탕 치르고 온 터이다.

이른 아침에 나 사는 집 문간에는 야단이 났다. 그 야단이란 것은 다른 것이 아니다. 뻔히 사람이 안방, 건넌방에 꽉 들어서 사는 집에 난데없이 이삿짐이 떠 들어온다.

"사람 들어 있는 집에 온다간다 말없이 이삿짐이 웬 이삿짐이란 말이요. 안 되오. 붙들어요."

하고 대문 안으로 들어오려는 이삿짐을 막았다.

"집 주인이 가라니까 왔는데, 남의 집에 사글세로 들어 있는 사람이 무슨 큰소리란 말이오?"

"큰소리? 사글세로 들어 있든지 어쨌든지 내가 들어 있는 담에는 안 되오."

"어디 봅시다."

하고 이사올 사람은 어디로 달려간다.

조금 있다가 집주인 노파쟁이가 성낸 상파닥을 하여 가지고 쫓아오며 소리를 고래고래 지른다.

"남의 집에 세들어 가지고, 넉 달치나 세를 떼먹고…… 낯짝이 뻔뻔하게, 들어오는 이삿짐을 막다니……. 이런 수가 있나? 이런 도적의 맘보가 있담?"

"아, 여보. 당신이 경우를 타서 말을 순순히 한대도 내 맘 돌아가는 대로 할 터인데, 그렇게 고약만 떨면 일이 잘될 듯싶소?"

"무엇 어째? 내 맘대로……? 그것부터 도적의 맘보가 아니고 무엇이냐?"

이 말끝은 마치 기적의 끝소리 내어뽑듯 길게 지르며 악을 쓰며 내게로 달려든다.

대번에 발길로 질러 죽이고 싶은 생각이 펄쩍 나다가도 소위 교양있다는 문화인이라는 가면 아래에서 이 인조 병신은 속을 꿀꺽꿀꺽 참고 있다가,

"여보, 나는 내 맘대로 할 터이니 당신은 당신 하고 싶은 대로 하오."

하고 대문을 닫아 걸고 들어와 방에 누웠다.

대문짝이 왈칵 자빠지는 소리가 들린다. 그 옆에 섰던 우리 집 여편네하고 집주인 노파하고 싸움질이 나는 모양이다. '이년, 저년' 소리까지 들린다. 나는 건넌방에서 꼼짝 아니하고 누워 있었다. 이삿짐은 들어온다. 안방으로, 마루로 그득 쌓인다. 안방에 누워 있던 병모는 건넌방으로 쫓겨 건너온다. 우리 집 여편네는 달려들며 망신당한 분풀이를 내

게 하려 든다.

"사내라고 돈을 얼마나 때깔 좋게 벌어들이면 여편네를 이런 고생살이 끝에 망신까지 시킨단 말이야."

그렇지 않아도 민망한 생각이 나던 터에 이 말에는 그만 역증이다.

"예끼, 망할 계집년. 사람의 속을 몰라도 분수가 있지. 쇠새끼 같은 계집년! 이렇게 하고 사는 것도 호강인 줄만 알아라!"

저쪽의 발악은 더하여 간다. 참다 못하여 그만 발길로 한번 걷어질렀다. 자빠지며 하는 소리다.

"계집을 굶기고 헐벗기는 대신에 밟아 죽이려 드는구나!"

계집의 잔 사설, 세 새끼의 울음소리, 어머니의 걱정 소리, 아우성판이다.

나는 그만 밖으로 튀어나오며 혼자 한 말이다.

"네가…… 이 조선 땅 젊은 놈의 썩는 속은 누가 알까……? 저기 가는 저 소나 알까?"

'이것도 권태를 조화시키는 한 흥심제(흥분제)인가?' 말하자면, 처음에는 이따위의 쓸쓸한 가난살이 맛도 자기 생활의 훌륭한 체험이요, 또는 정신상의 무엇을 얻는 것도 같아서, 고통의 주먹이 와서 때릴 때마다 그것을 신성시하고 경건한 마음씨로 대하여 나가려 하였다. 그러나 그것도 찌달리기만 하니까 내종에는 그만 몸과 마음이 까부러져 가기만 할 뿐이다. 이러다가는 큰일났다! 이 까부러져 가는 권태 속에…….

저녁때 태평동 긴 거리로 걸어나오는 나의 주머니 속에는 돈 삼십 원이 들어 있다. 석 달 만에 탄 월급이 이것이다. 한 달분 사십오 원씩 석 달치를 합하여 백삼십오 원, 이것을 가지고, 묵은 방 빈대 구녁 틀어막듯 하여도 가량이 없는데, 게다가 삼십 원이다. 비틀어진 생각이 그저 풀리지 않는다. 아까도 그 돈을 손에 받아들 제 그 자리에서 그만 찢어

내어 던져 버리고 싶은 생각도 났었다.

"빈 주먹에 단돈 일 원이라도 들어온 것만 다행이니 우선 이것을 가지고 가서 급한 불이나 끌까?"

줄인 개 떼가 주둥이들을 한데 모으고 제 주인 올 때만 기다리듯 하는 집식구들의 꼴이 눈에 확 지나간다.

"가자 가자, 어서 집으로 가자!"

"방을 하나 얻어서 집을 옮기고, 양식과 나무나 좀 사고……."

"그리고 나면 또 무엇 해……? 밤낮 되풀이하는 그 지지한 생활의 꼬락서니……."

언제인가, 밥 먹고 들앉아 있는 집 식구들 꼴을 혼자 우두커니 바라다보고 있다가 속으로,

'이 몹쓸 아귀들! 내 육신과 정신을 뜯어먹는 이 아귀들!'

하며 압악병(염오증)이 왈칵 나던 생각이 다시 난다.

"아——인제 그 꼴들 보기도 참 싫다! 그 시덥지 않은 생활을 되풀이하기도 참 멀미 난다!"

자하골을 바라다보고 가던 나의 걸음은 황사마루 네거리에서 그만 종로를 향하고 꺾어서 걷고 있다.

"네기…… 내가 그만 이 돈을 쓰고 들어갈까 보다."

어머니의 한숨, 여편네의 눈물, 아이들의 짜증, 이 돈 삼십 원.

"어디 내가 좀 집식구들의 눈물을 짜서 먹고 견디어 보리라……. 내 가슴속이 얼마나 튼튼한가 좀 시험하여 보자……."

이튿날 아침 나는 영추문 앞길로 발을 자주 놀려 올라올 때, 코에서는 아직도 덜 깨인 술 냄새가 물씬물씬 남을 깨닫게 한다. 우리 집 골목을 접어들며 나는 발소리를 숨기고 귀를 자주자주 재게 된다. 대문턱에

이르러 가만히 서서 귀를 기울였다. 아무 소리도 들리지 않는다.

"모두 죽었나? 죽지는 아니하였어도 굶어 늘어져서들 누웠나?"

쑥──들어가 보니, 늘어지기는커녕 멀쩡하니 지껄이고 앉아 있다. 다만 여편네란 사람이 의심난 눈으로 나를 한번 훑어본다. 간밤에 어디서 자고 왔느냐는 의미인가 보다.

주머니 속을 뒤져 보니 쓰고 남은 돈이 얼마 들어 있다. 내가 밖으로 쫓아나가 쇠고기 두 근 사서 들고 쌀 한 말을 사서 들리고, 아이들 줄 과자도 좀 사가지고 들어왔다.

"왜? 쌀은 그렇게 작게 팔고 고기는 많이 샀어?"

하고 말하는 여편네는 기쁜 빛이 얼굴에 넘친다. 아마 내가 돈이 많이 생긴 듯싶어서 그러는 모양이다. 이 때껏 칭얼대기만 하였으리라고 하던 아이들도 새로운 생기를 얻어 방 안에서 뛰논다.

'쿨컥쿨컥' '후룩후룩' 참 잘들 먹어 댄다. 고깃국 맛이 매우들 좋은 모양이다. 이것을 보고 나는 한번 빙그레 웃었다. 두 가지 세 가지 빛으로 섞은 웃음을 웃어 보는 일도 근래의 처음인 듯싶다.

갑자기 나는 멜랑콜리한 기분에 싸여 가깝한(갑갑한) 가슴을 안고 밖으로 튀어나왔다.

바깥은 날이 몹시 흐리었다. 훈덥지근하다. 거리에 걷는 사람도 모두 후줄근하여 보인다.

"어──참 가깝하다!"

이 거리에, 이 사람들 위에 어서 비가 내리지 않나? 어서…….

농촌 사람들

1

아침에도 큰 두레 방석만한 뻘건 해가 붉은 놀을 띠고 들 건너 동녘 봉우리 위로 쑥 솟아올랐다. 그것은 마치 이 세상을 '불'의 세계로 바꾸는 마당에 어떤 무서운 계시의 첫 광경같이⋯⋯. 그리하여 가뜩이나 말라 시들어 가는 여름철 넓은 세계의 생물들은 한때에 눈을 그리로 쏘며 다시 한 번 더 떨지 아니할 수 없다.

"큰일났다! 영영 사람을 다 죽이고 만다!"

들녘 사람들은 입을 여나 안 여나 다 이와 같은 말을 하게 된다. 밝음의 공포——백색의 공포는 오늘도 또 닥쳐왔다.

그러던 해가 벌써 한나절이 기울었다.

논밭에 곡식은 더 말할 게 없고, 길 옆의 풀도 냇가의 잔디도 말랑이의 산풀도 모두 말라 시들다가 나중에는 빼빼 꼬여 틀어져 간다. 어떤 때는 가을 풀밭 모양으로 누렇게 탄 데도 있다. 나뭇잎도 시들버들하여진다.

십리장야 한복판에 길게 내리뚫고 누운 큰 내는 꾸불꾸불 말라 비틀려져 자빠진 무슨 큰 뱀의 배때기처럼 버쩍 말라 뻗쳐 있을 따름이다.

서쪽으로 동쪽 끝까지 이들 북녘을 둘러막은 북망산, 어찌 가다가 작은 나무깨나 세워 놓고는 거진 다 벌거벗은 채로 있는 이 사태 북더기,

살가죽을 벗겨 놓은 사람의 등말성이(등골뼈가 있는 자리)같이 보기에도 지긋지긋한 이 시뻘건 사태산. 이 산말랑이(산마루) 남향폭 안을 불볕이 내리쪼일 제 시뻘건 흙빛은 이글이글 익어 더욱더 붉어지는 것 같다. 그러면 불볕은 더욱더 쏟아져서 하늘에서 쏟는 더위와 땅에서 뱉는 더위가 서로 어울려 산과 들을 뒤덮을 제, 이따금씩 바람에 불리는 나뭇잎까지 소름치며 떠는 것 같다.

　가뭄도 벌써 한 달 반이나 되었다. 졸아붙은 봇물이나마 닿는 산들 한 귀퉁이나, 또는 생숫물을 파서 두레박질하여 대는 구렁텅이 논뙈기를 제해 놓고는 모두 논바닥이 보얗게 말랐다. 엉거름(논바닥이 말라서 갈라진다는 말)이 땅땅 같다. 벼 이삭이 모두 비비 꼬여 간다. 어떤 때는 풋나무같이 말라서 불을 지르면 탈 듯싶다. 이 해 농사는 아주 절망이다!

그래도 아직까지 애착을 버리지 못하였는지 삿갓 쓰고 종가래 집의 어떤 농군은 논둑에 우두커니 서서 논바닥을 들여다보고 있다. 검누렇게 들뜬 얼굴, 쑥 들어간 두 눈, 말없는 가운데 아픈 표정, 멀리서 자세히 보이지는 아니하나 짐작할 수 있다. 어떤 늙수그레한 여자는 두 다리를 뻗고 앉아서 논둑을 두드리며 통곡하는 이도 있다. 논에 물이 졸아들어가기 시작할 때부터 졸이던 마음이 이 날 이 때까지 갈수록에 더 바싹바싹 타들어 가던 터이다. 죽어 가는 자식의 꼴을 들여다보고 있는 어버이의 마음새와도 같이 말라 죽어 가는 벼이삭의 운명을 들여다보고 있을 때 울고도 싶고 미칠 듯도 싶다.

"비를 내리지 않거든, 차라리 불을 내리라!"

악이 치받친 사람들의 입에서는 이러한 소리도 나온다.

이 넓은 들폭 안의 이 참혹한 광경을 홀로 우뚝이 서서 바라보고 있는 것은 이 마을 앞에 서 있는 묵은 정자나무다. 이 정자나무는 그늘 좋기로 이름난 느티나무로서 잎과 가지가 뻗어 나간 폭안도 굉장히 넓고, 나무 밑대궁도 여러 아름이나 되게 굵다. 마치 이 나무만이 이 마을에 묵은 역사를 다 말하는 듯이.

다른 때 같고 보면 생 일도 할 줄 모르고 놀기만 하는 엇박이 친구들이나 이같이 바쁜 철에도 이 나무 그늘 밑에 모여들어 앉아서 장기나 바둑으로 기나긴 해를 넘겨 보낼 터인데, 지금은 한다 하는 장정 일꾼들이 모두 이 곳으로 모여 앉아서 근심이 띠인 얼굴을 하여 가지고 서로 바라보며 가뭄 걱정을 하는 것이 이들의 가장 큰 말거리다. 걱정뿐만이 아니라 앞으로 올 무서운 흉년 난리를 미리 느끼며 침울한 가운데에도 가슴이 은근히 떨린다.

사람이 어떤 공황에 눌릴 때에는 서로 모이고 싶은 마음이 다른 때보다 더 나는 것이다.

"인제는 더 말할 것 없이 아주 흉년이지?"

이것은 술타령만 잘하며 뺀들뺀들 놀기만 하고, 농촌에 살면서도 농사 이치라고는 모르는 예전 아전 퇴물인 이불량의 말이다. 그는 아전 다닐 시절에 촌사람의 것이라면 속이고 어르고 해서 잘 떼어먹고 살던 터이므로 불량이라는 별호까지 얻었다. 그러나 지금은 하는 수 없이 이 농군들 틈에 와서 끼여 지나가며, 한층 떨어져서 빚 같은 것도 주고받고 하며 그럭저럭 지나가는 건달패다.

"흉년은 벌써 판단된 흉년이지. 그러나 지금이래도 비만 온다면 아주 건질 수 없게 된, 말러 죽은 것 외에는 다소간 깨어날 것도 있을 테니께. 그런 것은 한 마지기에 단 벼 몇 말을 얻어먹더라도……."

고추 상투를 하여 가지고 쥘부채를 왼손에 들고 슬쩍슬쩍 부치며 앉았던 반나마 늙은이의 참에게 대답하는 말이다.

"설령 그렇게 된다 하더라도 벼 말박을 건질 사람은 몇 사람이나 되며 건진다 하더라도 메칠이나 먹게 될 테야, 그게."

여름에는 참외 장사, 겨울에는 나무 장사로 이름난, 중년에 들어 보이는 눈끔적이의 말이다.

"그러고 저러고 간에 필경에는 다 죽네, 죽어."

눈끔적이와 같은 낫세에 들어 보이는 세곱해 상투쟁이의 하는 말이다.

"네기를 할……. 그럴 줄 알았더라면 매고 뜯지나 말 것을……. 공연히 없는 양식, 없는 돈에 술밥만 처들여 가며……."

또한 눈끔적이의 입맛 다시며 하는 말이다.

"지금 앉아서 그런 걱정이 다 소용 있는 걱정이겠나?"

곰방대에다가 담배를 담아 가지고 지금 세상에 앉아서 철늦게 부시를 쳐서 불을 붙인 부시깃을 갖다가 대꼬바리에 박고는 뻑뻑 빨며 말대꾸 하는 반나마 늙은이의 말이다.

"사람이 모다 굶어 죽어야 옳단 말가? 품이라도 팔아먹을 곳이 있어야 지."

이 말은 영남 사투리를 써 가며 말하는 곰보 총각의 말이다. 그가 영남서 이 곳으로 올라와 남의 집 머슴살이 한 적도 한두 해에 지나지 않는다 한다.

이 여러 사람들은 말이 이 입에서 터져 나오고 저 입에서 터져 나오고 하여 서로 어지럽게 또는 드문드문하게 지껄여 댄다.

"일본이나 가세그려."

"이 사람 말 말게. 갔다가 도로 오는 것들은 어쩌고. 돈벌이가 좋다더니만 까딱 잘못하면 사람을 무엇? 감옥 속 같은 데로 속여 끌고 들어가서 그 안에다 가두고 죽도록 일만 시키고 돈도 먹을 것도 얼마큼씩 안

주고, 한번 갇히면 세상 바깥에도 잘 못 나온다네."

"다 그럴 리야 있시유마는 자칫하면 그러는 수도 있다더구먼."

하고 이 때껏 남의 말만 듣고 앉았던 떠꺼머리 총각이 뱉는 말이다. 그는 나이도 스물너댓이나 되어 보이고 기운도 차 보이고 사람도 좋아 보이나 이 때껏 장가도 들지 못한 터이다. 머리를 굵게 따서는 머리 위에 칭칭 감고 그 위에다가 베수건을 질끈 동인 꼴이, 떠꺼머리 총각이란 말과 같이 쇠어 가는 밀대 모양으로 보기에도 좀 징글징글맞아 보인다. 그와 반대로 볏섬이나 쌓고 먹는다는 이 마을 높은 사랑집의 북상투(아무렇게나 튼 상투) 짠 열서너 살 먹은 새신랑의 꼴에다 서로 어루어 놓고 보면, 그것도 이 열리지 못한 사회에서도 예사롭지 않은 무슨 변으로 느껴진다.

"서간도는 올 같은 해에 가뭄도 안 들고 조가 아주 잘 되었다고 재작년에 들어간 아따, 그 입분 아버지 천보 말이여, 그한테서 일전에 건넛마을 자기 당숙집에 편지가 왔더라네. ……거기나 갈까?"

"거기 가면 별수 있나? 청인 놈의 압제가 여간이 아니라네. 거기 가서 살던 사람들도 이리로 쫓겨가고 저리로 쫓겨간다네."

"그러면, 네미…… 우리 조선 사람 살 곳도 없고 갈 곳도 없구나!"

이 소리는 뼈 아프게 울려 나왔다.

둘러앉은 여러 사람은 말없이 땅만 굽어보고 있을 뿐이다. 무슨 생각에 잠긴 그들의 눈 속에는 엷지 않은 근심과 아픔의 빛이 또한 잠겨 있다.

침묵은 한참 동안이나 끌어 나갔다.

"네기를 할, 예전의 의병 ××같은 ×××나 또 이 ×××××?"

하고 한 사람이 침묵을 깨뜨린다.

"사람이 조금만 더 배가 고파 봐, 악이 나서 무슨 짓을 못하나."

"제발 ××××경칠 거!"

"흥, 저것 봐. 바싹바싹 타들어 가는구나!"

한 사람이 고개를 들어 벌판을 바라다보며 기막힌 듯이 말한다. 여러 사람은 한꺼번에 모두 고개를 들어 들녘을 내다본다. 그들은 보기가 하도 지긋지긋하다는 듯이 상을 찌푸리고 바라다본다. 잠시 동안 잊었던 공포가 다시 닥쳐왔다.

"하누님, 맙시사!"

이것은 늙은이의 부르짖는 말이다.

"죽여라! 죽여! 어데 견데여 보자. 경을 칠 거……."

이것은 젊은이의 부르짖는 말이다.

쓴 침묵은 또 끌어 나간다.

"서간도…… 서간도……. 그래도 거기나 가 봐……. 그런데 그 입분네하고 같이 간 음전네는 서간도 안 있대여. 거기서 더 들어가 어덴지도 알 수 없는 곳으로 가 버리고 말았다데그려."

"그래, 그 음전네는 소식도 없대유?"

이것은 한옆에서 고누판을 그리고 앉았던 총각의 말이다.

"모른다네……."

떠나간 사람들의 자취가 덧없이 되었다는 것을 탄식하는 듯한 긴 말조자(말투)로 대답하는 사람은 또한 눈끔적이다.

"삼 년……. 발써 삼 년이로구나!"

갑자기 서글픈 듯이 건넛산 고갯길을 우두커니 바라보며 말하는 총각의 한숨 비슷한 말이다. 거듭 잇대어,

"제기……."

하고 다시 땅을 굽어보는 그의 눈과 얼굴에는 슬픈 빛이 띠어 있다. 아마도 아마도 그의 가슴에는 휘휘 틀어져 감겨 나오는 지나간 날의 '로

맨스'의 꿈이 다시 떠오르는 것이나 아닐까? 그 음전이란 처녀를 생각하고 그리는 것은 아닐는지?

이 때 그 마을 앞 신작로에는 짐차가 온다. 한 채, 두 채, 세 채나 된다. 무거운 수레를 끌고 가는 소는 숨과 발이 한가지고 터벅거린다. 사람도 마음속까지 가뭄이 들어서 놀기에도 괴로운 터인데……

"그거 뭐유? 버립(보리)니까?"

영남 '악센트'로 말하는 곰보 총각의 마차꾼보고 묻는 말이다.

"쌀이라네."

마차꾼은 채찍으로 소 궁둥이를 툭 때리며 대답한다.

"뉘 집 쌀이유?"

마차꾼은 대답도 하기 전에 곰방대를 새꿰기로 후비고 앉았던 세곱 상투가 말을 채서,

"물어 볼 거 무엇 있어? 김 참봉네 쌀이지."

"김 참봉네가 언제 그렇게 부자가 됐나?"

이것은 이 때껏 잔뜩 찌푸린 상으로만 아무 말참여 없이 앉아 있던 원보의 말이다. 그는 금전판이고 대처 바닥으로 돌아다녀 머리까지도 깎았다는 사람이다.

"흥, 부자 될 수밖에. 요전까지도 그 부자가 다 돈벌이하였지. 작년부터 돈놀이하고, 더구나 지금은 동척회사 사음(마름)이고, 지독하게 긁어 모으니 부자 될 수밖에……. 게다가 세도가 좋지. 옛날의 닷 둔 세 뭉치니 양반이니 하는 것은 그만두고라도 군청이고 척식회사고 헌병소고 다 무엇 세도가 막난당이지."

원보의 친구가 하는 말이다.

"주릿대를 앙굴 놈들. 그 놈의 부재(아버지와 아들)는 두 놈이 다 고약도 하더니……"

"고약하니께 돈 모은단다. 법에 숨어서 도둑질하는 놈들이니께. 못난 우리 같은 것들이 공연히 섣불리 도적질하다가 법에 잡혀 들어가지."

이것은 그네의 말마따나 돌아다니며 널리 박람하여 귀가 열렸다는 원보의 말이다.

"참 그래."

원보의 힘있게 내어붙이는 말에 동감이라는 듯이 둘러앉은 총중에서 몇 사람은 잇대어 이와 같이 대답한다.

"버리알 꽁댕이도 얻어먹지 못하야 부황이 나서 사람의 얼골이 모다 들뜬 판에 어떤 놈은 쌀을 몇 차씩 산단 말인가?"

눈알을 부리부리 굴리며 말하는, 키가 작달막하고 뭉툭하게 생긴 원보의 한 친구의 말이다.

"무얼, 무슨 짓을 하도라도 그 따위 놈의 것을 뺏어 먹을 수 있다면 뺏어 먹는 것이지."

이것은 원보의 말이다.

"그것은 자네 말이 글렀네."

이것이 마치 찌는 더위에 털끝 하나 꼼짝 못하고 숨만 헐떡거리고 앉았는, 오뉴월에 알을 품은 암탉 모양으로 더위를 이기지 못하여 옹송그리고 앉아 눈만 까막까막하는, 거진 육십 줄에 들어 보이는 늙은 영감의 한탄하는 말이다.

"글르기는 무엇이 글러요? ××××누구나 굶어 죽게 생기면 있는 놈의 것을 뺏어다가 밥도 먹고 사는 것이 의당한 일이지, 공연히 꼬장꼬장한 체만 하다가 굶어 죽지."

또한 원보의 하는 말이다.

"그것은 이치가 틀린 말이야. 부자고 가난한 사람이고 다 제 팔자고 제 복이지."

하고 저쪽 늙은이 편을 들어서 말하는 사람은 어물 장사하여 돈냥이나 모았다는 젊은 자의 말이다.

"무엇, 제 팔자?"

하고 말끝을 주춤하던 원보는 얼굴에 핏대를 올려 가며 자기의 주장을 세워 말을 기다랗게 또는 힘있게 늘어놓았다. 저편에서도 자기네 주장에 지지 않으려고 연달아 대거리하였다. 그리하여 판이 떠들썩하게 한참 동안이나 의논의 불꽃이 타올랐었다. 또는 그 늙은이와 원보와는 의논 끝에 감정의 갈등이 나서 다툼까지 하였다.

"예끼, 이 사람들! 말이 모다 억지고 맘새가 몹쓸 맘샐세. 그러한 맘보를 먹고 있다가는 제 명대로 살지도 못하리."

이 말에 원보는 들은 체 만 체하고 벌떡 일어나서 동네 안 골목으로 들어가 버리고 말았다.

그가 일어서 빠져 간 뒤의 좌중은 다시 쓰디쓴 침묵 속으로 잠겨지고 말았다.

2

원보가 골목 안으로 들어간 지 한참 있다가 다 쓰러져 가는 오막살이 집 속에서는 큰 목소리가 일어난다. 여자의 울음소리도 일어난다. 아까 그 나무 그늘에 앉아서 이야기하던 마을 사람 말마따나,

"또 쌈이 났구나!"

"원보는 밤낮 그 불쌍한 늙은 어머니와 쌈질만 하겠다."

한다.

울음소리는 점점 더 커진다. 원보의 친구 한 사람은 달려가기까지 한다. 좁은 봉당 떨어진 멍석자리 위에는 예순이 가까워 보이는 원보의

어머니가 극성을 피고 앉아 있다.

"이놈아! 이틀씩이나 굶은 네 어미를 잡어먹지 못해서 이 야단이냐? ……밭뙈기까지 있던 것 죄다 갖다 까불어 놀리고 나서, 어미야 죽든지 마든지 내던져 버리고 몇 해씩 돌아다니다가, 집이라고 돌아와서 뺀들뺀들 놀며 어미만 들들 볶어 먹고, ……굶어 가며 품 판 돈으로 돼지 새끼 하나 사다가 길러 논 것을 팔어다가 술 받아 먹고, ……어미가 굶어 죽게 됐으니 빈맘이라도 불쌍하게나 생각을 하나? 어린 자식 새끼가 병이 나서 죽게 됐으니 약 한푼어치를 사다가 주나……? 참다못하야 김 참봉네 집에 돈냥이나 꿀까 하고 간 것이 아니냐? 코만 잡어떼고 돌아와서 분한 생각에 설움이 복받쳐서 우는 어미를 그래 이래야 옳단 말이냐……?"

하며 울고 있을라면, 그 옆자리에는 마치 낡고 구긴 헌 명주옷같이 보드라운 살이 비비 꼬일 만큼 마르고 때투성이 한 예닐곱 살 가량 되는 계집아이가, 일어날 기운도 없는지 팔다리를 축 늘어뜨리고 누워서 힘없는 목소리로 캭캭 하며 울고 있다.

그 꼴을 잔뜩 찌푸린 상으로 바라보고 있던 원보는 악이 난 말조로,

"예끼, 이 망할 새끼, 어서 뒈지기나 해라!"

"이놈아, 그게 무슨 죄냐? 그 불쌍한 게 무슨 죄냐?"

하고 또 발악을 할 때,

"아, 그 원수놈의 김 참봉인지 주릿대를 할 놈의 집에 돈인지 무엇인지를 꾸러 가는 그런 소견머리가 어디 있단 말이여? 엣 참, 네기를 할……, 엑……."

하고 원보는 벌떡 일어나 걸어가는 길 옆에 놓인 화로를 발길로 걷어차, 화로는 깨어져 굴러떨어진다.

"이놈아, 날 죽여라!"

하고 어머니는 아들의 발목을 붙들자 아들은 발목을 차는 듯이 내뿌리며, 어머니는 저쪽에 가 떨어져 대굴대굴 뒹굴며 통곡한다. 그래도 원보는 본체만체하고, 마침 문간에 들어서며 붙잡아 내는 친구에게 끌려 마을 앞 주막으로 가 버리고 말았다.

남의 말을 듣든지, 지금 이 모양을 보든지 원보는 과연 불량한 사람이 되었다. 이같이 된 경로를 대강 그려 보면 이와 같다.

지금으로부터 여러 해 전이다. 그 때에는 원보라면 누구나 다 일 잘하고 부지런하고 영악스럽다고 할 만큼 규모 있고 말썽 없고, 맘새까지 바르다고 일컫던 터이다.

나무 장사로 돈냥을 모으고, 그 돈으로 송아지 필이나 사고, 그것이 또 늘어서 밭뙈기를 사게 되고, 또는 남의 땅일망정 논농사도 착실히 지으며, 나이 젊고 덜 밉게 생긴 아내와 늙은 어머니와 안팎이 다 한가지로 부지런하여 재미가 오붓하게 살아 나가므로 그의 친구들도 부러워할 만큼 되었었다.

그러다가 삼 년 전 여름——그 때도 이 해 같지는 아니하였으나 가뭄이 좀 대단한 시절——에 사람사람이 자기 논에 물댈 양으로 눈들이 뒤집혀 가지고 야단들 할 즈음에 원보도 밤을 새워 가며 논에 물을 대게 되었다. 물이라고 겨우 댓줄기만한 물줄기를 흘려 넣으며 자기 논 수멍(물구멍)머리에 풀이 모지라지도록 궁둥이를 붙이고 앉아서 지키고 있었다.

그 때에 김 참봉 집에서 들판 여러 농사꾼을 무시하고 물을 도수(물길을 만듦)하여 가지고 자기 논에만 댈 양으로, 그 시절에는 한참 어깻바람이 나도록 세도를 부리는 헌병 보조원인 김 참봉의 아들이, 어리석은 촌 백성을 위협이나 하는 듯이 한 손에 몽둥이를 들고 억탈로 경계도 없이 이 논 수멍, 저 논 수멍을 막으며 서슬이 시퍼렇게 물을 거두어 내려오다가, 원보가 지켜 대고 섰는 수멍머리에 닥치자마자 덮어놓고 수멍을 막아 대고 만다.

이것을 본 원보는 눈에서 불이 돋을 만큼 분이 났다. 부리나케 달려들어 막은 수멍을 잡아 흩어 놓았다. 이것을 본 김 참봉의 아들은 다짜고짜로 달려들며 몽둥이로 원보를 훔쳐 때렸다. 맞고 난 원보는 당시에 그런 직함을 가진 사람에게야말로 말 한 마디라도 거역할 수 없을 만큼 무서운 줄도 모르는 바는 아니지마는, 이 당장에는 자기의 탄 목구멍으로 넘어가는 물보다도 더 중하게 여기는 논물을 뺏기고, 더구나 얻어맞기까지 하고 난 판에 벼락이 내린대도 무섭지 않을 만큼 된 터이다. 그만 달려들어 그를 들에다 잡아 처넣어 버렸다. 두 사람은 서로 얼려 엎치락뒤치락하고 때리고 차고 하며 싸워 댔다. 필경에는 여러 사람이 뜯어 말리게 되었었는데, 집에 돌아와 있은 지 얼마 있다가 읍내 헌병대로부터 보조원 두 사람이 나와서 원보를 붙들고 뺨을 치고 구둣발길로 차고 하며 개 패듯 하더니 포승으로 칭칭 얽어묶어 가지고는 잡아 가지고 갔었다.

원보가 유치장에 여러 날 갇혀 있다가 도청 잇는 ××군 검사국으로 넘어가서 다시 감옥으로 들어가 일 년이라는 짧지 않은 세월을 징역하고 나오게 되었다.

그 가운데 기막힌 일 하나는 원보가 감옥에 있을 때에 믿고 믿었던 저의 아내에게 이혼 소송을 만난 것이다. 그것은 그 아내 한 사람이 그의 위풍과 세도를 흠모함인지, 원보가 척이 진 김 참봉 아들과 배가 맞아서 그리 된 것이다. 이것은 그 뒤에 저의 어머니가 면회하러 와서 알게 된 일이지마는, 어쨌든 그 때에 그 일을 당한 원보는 마음에 도리어 아니꼬운 생각이 나서 그리하였던지 재판정에 불려가서 그 아내의 이혼

청구를 쾌쾌히 승낙하여 주었었다.

감옥에서 나온 뒤에 집이라고 와서 보니, 아내가 내어 버리고 간 어린 딸을 데리고 늙은 어머니가 지악스럽게 해서 간신간신히 부지는 하여 가나, 전날의 탁탁하던 꼴을 다시 볼 수 없고, 더구나 아내조차 없어 집안이란 것이 마치 삶이 채 간 닭의 홰장 모양으로 휑한 것이 쓸쓸하기 가이없다.

그는 마음 붙일 곳이라고는 아무 데도 없다. 그리하여 그는 술 먹기 시작하고 노름하기 시작하여 난봉나기 시작하였다. 그럴수록에 그의 어머니는 바가지 긁기를 시작하였다. 모자간에 싸움도 잦아진다. 동네 사람들도 원보가 고약해져 간다고 말들 한다. 그럴수록에 원보는 점점 더 술만 먹고, 남하고 말썽 부리기 좋아하며, 싸움하기 좋아하여 간다. 부치던 남의 땅마지기도 떨어진다. 남아 있는 소 필이고 밭떼기도 모조리 다 팔아먹게 되고, 집에만 들어오면 모자 사이에 싸움하는 것이 일이었다.

그러다가 그는 집에도 있지 않고 그만 나가서 일 년 동안이나 떠돌아다니다가 마음이 어떻게 내켰던지 마침내 집으로 다시 들어오게 된 것이었다. 이번에 집에 돌아온 뒤에는 전과 같지는 아니하나 또한 가끔가끔 그 굶주리는 어머니와 싸움질을 하는 터이다.

아까 그 어머니와 싸운 일만 보아도 그렇다. 원보의 마음은 과연 이같이 상구나아졌다(사나워졌다). 그같이 상구나게 된 까닭이 어디 있다는 것을 자기도 짐작은 하는 터이다. 그것은 자기가 이같이 된 것이, 첫째는 아내를 잃어버린 까닭으로 마음 붙일 곳이 없어서 그리 되었다는 것, 그 아내를 잃어버리게 된 것은 그 김 참봉의 아들이 그리하여 놓았다는 것, 그 김 참봉의 아들이 그런 짓을 하게 되고, 또한 그런 짓을 하게 되어도 세상에서는 아무도 그를 손 대지 못한다는 것을 알게 된 때로부터 이런 저주로운 세상과 사람을 모조리 미워하게 되며, 또는 굶주리고 게으르고 인정 없고 잔인한 짓도 예사로 하게 되어 생활과 마음이 어지간치 않게 변하였다. 그럴수록 그는 더욱더 자기 목숨을 살리기 위하여서는 어떠한 험악한 짓이라도 가리지 않고 하게 된다. 다시 말하면 자기 목숨만은 살려 나가려는 마음이 더 강하여 가는 것이다. 또다시 말하면 그는 묵은 인습적 도덕과 양심이란 것을 잃어버리는 동시에 원시적 생활력의 굳센 힘을 다시 회복하게 되었다.

3

이 날 밤에 밤이 이슥하여서 원보는 자기 집으로 돌아왔었다. 지친 사립문을 슬그머니 열고 마당으로 들어섰다. 어느 때고 여름철만 되면 방 안에서는 빈대 벼룩에 쫓기어, 봉당에서 자다가 인제 봉당에서도 물 것(벌레)에게 쫓기어, 야종(나중)에는 마당으로 나와 한전(한데) 잠을 자게 되는 것이 전례다.

마당 멍석자리 위에 그의 어머니가 손녀딸을 데리고 누워서 자는 모양이 눈에 먼저 띈다. 그는 봉당에 가서 쭈그리고 앉아서 누워 자는 자기 어머니의 꼴을 바라보았다.

이 날이야말로 스무날께 늦게 돋는 달이 벌써 하늘의 반쯤은 솟아올라 있다. 달빛이 바로 봉당 마당 반쪽을 들이비치게 되었다. 달빛을 받은 그의 어머니의 얼굴은 말라서 쭉 빠졌던 살이 굶어서 부황이 났는지 부석부석하게 부어오른 것이 지금 보아도 넉넉히 알 수 있다. 다 죽어 가게 되었다는 어린 딸은 잠결에도 다만 하나인 그의 할머니만은 잊히지 못한다는 듯이 손으로 팔목을 붙든 채 잠들어 있다. 원보는 그 꼴을 보기가 어색하고 싫증도 나서 눈을 딴 데로 돌렸다. 그의 어머니의 누운 머리맡에는 낮에 깨어진 화로를 무엇으로 얽어 동여매어 가지고, 그 안에는 풋나무로 모깃불을 놓아서 지금도 가는 연기가 실마리같이 달을 향하고 피어 오른다.

이 화로를 바라다본 원보는 예전 생각이 번개같이 지나쳐 간다. 이 화로야말로 옛날에 들일 하러 다닐 때에는 으레히 이 화로에다가 왕겨 같은 것을 피워 담뱃불을 담아 가지고 다니던 터이다. 그는 지금 당하여 부질없는 옛 생각은 할 까닭이 없다고 생각하여, 마음속에 번뜩 어리는 생각의 그림자를 쫓아 버릴 양으로 눈을 딴 데로 또 돌렸다. 그러나 이번에는 옛날에 물꼬 보러 다닐 제 들고 다니던 괭이가, 더구나 그 김 참봉 아들하고 물쌈할 때에 가지고 갔던 괭이가 눈에 띄게 되매, 그는 새삼스러이 분노가 떠오르지 아니할 수 없게 되었다. 땅만 굽어보고 있는 그의 눈은 어둔 밤이 되어서 잘 보이지는 아니하나, 대낮만 같고 보면 분명히 그 불량스러운 눈자위가 끄먹끄먹함을 볼 수 있으리라.

한참이나 우두커니 앉아 있다가 그는 곰방대에 담배를 담아 화로에 가서 불을 달여 피워물고는 다시 앉았던 자리에 와서 앉았다. 그는 무심코 고개를 돌려, 부엌 쪽을 바라다보았다. 시커멓게 그은 섬거적 같은 것이 부엌문 어귀에 놓여 있고 그 옆에는 목이 부러진 지게가 하나 놓여 있다. 여지없이 가난한 살림에 어찌하여 이같이 쓰지 못하게 된 헌 지게를 패어서 때지를 아니하였나 하는 의심도 나게 된다. 아마 이러한 것을 패어 때면 무슨 사위에 꺼리는 까닭인 듯도 싶다. 지금 눈에 띄는 이 지게야말로 이것 하나로 말미암아 원보의 과거 십 년 전 일로부터 오늘날까지 줄잡으면 삼 년 전 일까지 내려온 일을 말할 수 있는 것이다.

원보가 떠꺼머리 총각으로 있을 때——원보가 겨우 열 살인가 열한 살인가 들던 해에 그의 아버지가 죽었다. 그리하여 중년 과부 된 그의 어머니는 어린 아들에게만 마음을 붙이고 온갖 고생살이를 하며 이 외아들을 키워 왔던 것이다.──그 때에 원보의 어머니는 품팔이하고, 원보는 나무 장사하여 모자가 지악스럽게 굴어 돈냥이나 모은 탓으로 남에게 착실히 보여 장가까지도 잘 들게 되었었다.

장가든 뒤에는 더욱더 부지런하게 하여 눈이 쌓인 겨울 아침이라도 매일 아침 밝기 전에 일어나서, 가을에 해서 싸 두었던 나뭇더미에서 무거운 나무짝 하나를 떼어 지고는 거진 십 리나 되는 읍내를 들어가서 팔고 나오게 되는 것이다. 그럴 때에는 넉넉지 못한 돈냥에서도 자그마치 떼어 내어 북엇마리나 소고깃냥어치나 사서 들고 돌아온다. 어떤 때는 귀여운 아내의 소용감으로 왜밀(밀기름)이나 분이나 바늘이나 실이나, 또한 어떤 때에는 마음을 크게 먹고 자줏빛 관사(실)나 제병 같은 비단 댕기감을 떠 가지고는, 빈 지게 지고 혼자 돌아오며 추위 잊어버리고 이 생각 저 생각에 골똘하여진다.

"이 왜밀을 갖다 주면, 이 분을 갖다 주면 여북 좋아할까?"

이렇게 생각하여 보며 그 아내의 방긋이 웃는 모양이 눈에 떠오를 때에는 팔짱 끼고 고개 숙이고 터덜거리며 오던 이 나무 장수는 멋없이 혼자 빵긋 웃는다. 또는 댕기감을 떠 가지고 올 때에는,

"이것을 갖다가 주면 좋아서 어쩔 줄을 모르렷다!"

하며 그 함치레하고 새카만 머리를 비비틀어진 쪽찐 한가운데에 이 산뜻하고 빛나고 고운 댕기를 휘감아 물던 모양을 속으로 그려 보고는 바로 그것이 눈앞에 보이는 듯도 싶어, 그 어여쁜 꼴을 그대로 보고만 있을 수가 없다는 듯이 손을 내밀어 어루만져 보고는 흉내도 내어 보았다.

그러다가 자기 집에 이르러 봉당가에 언 발을 탕탕 구르며 눈을 털고 들어설 때에, 기다리고 있다가 때맞추어 방문을 열고 마중 나오는 아내

에게 사 온 것을 어머니 모르게 슬그머니 손에다 쥐어 줄 것 같으면, 아니나다를까! 과연 아내는 이 세상에는 둘도 없이 가장 어여쁜 입을 방긋이 열어 생긋 웃으며 좋아라고,

"아이고, 왜 인자 와?"

하면 그 어머니는 뒤따라,

"애야, 여북 시장하고 추웠겠니? 어서 조반 차려 줘라."

한다.

아침을 먹고 난 원보는 눈 쌓인 겨울날에도 남과 같이 마실도 아니 가고 자기 집 방 안에 드러엎드려 신을 삼으며, 어머니와 아내를 번갈아 쳐다보아 가며 웃고 이야기하는 것이 참으로 즐거운 일이었었다. 그럴 때에 또 어머니가 바깥을 나가 단둘이 있게 될 때에는 그 틈을 타서 서로 농을 하여 가며 깔깔대고 웃는 것도 세상에는 흔치 않은 재미였었다.

지금 그의 머릿속에는 겨울날의 아랫목 이불 속같이 따뜻하고 푸근한 지나간 날의 꿈이 되풀이되고 있었다. 그러나 그것은 다 하염없는 일이다. 그의 아내는 지금 없다. 있는 곳조차 알 수 없었다.

"주리를 틀 년!"

하고 동(사이)이 뜨게 있다가 다시,

"그 오라를 질 년이 지금은 어데 가 있나……? 그놈하고 갈라선 뒤에……, 죽일 년! 자식 생각도 안 난단 말인가?"

하고 그는 입속말로 중얼거렸다.

이 때 어린 딸이 잠을 깨어 저의 할머니 옆으로 달려들며,

"함머니! 함머니!"

한다.

이 소리를 들은 원보는 별안간에 가슴속이 찌르르하였다. 그러자 또

그 어머니는 잠을 깨어 팔로 어린아이를 가다듬어 껴안으며,

"아가, 아가, 아프냐? 또 아퍼……? 어린것이 물 한 모금도 못 얻어먹고 앓기만 하느라고……."

이 소리는 가늘게 떨려 나오는 목소리다. 이 말끝에는 또한,

"호흥……."

하며 길게 내어 뽑는 한숨 소리다. 원보의 가슴은 뭉클하였다.

"어머니, 저녁도 못 끓여 잡수셨수?"

이 목소리는 분명히 떨렸다.

"아, 너냐……? 놀랐구나. ……저녁이 어데서 나서 끓여 먹어……? 넨들 좀 시장할라구!"

"아니……."

하며 말끝을 흐리고 앞만 굽어다보고 한참이나 무슨 생각에 잠겨 있던 원보의 얼굴에는 어떤 무서운 빛이 돌며 무슨 결심이나 한 듯이 입을 딱 오므리고 일어선다.

"아, 너 이 밤에 어데를 또 가니?"

"예, 어데를 좀……."

하고 원보는 밖으로 나가고 말았다.

그 이튿날 이 마을에는 가뭄보다 더 무서운 새 공포가 닥쳤다. 그것은 헌병과 보조원이 수없이 쏟아져 나와 마을 사람을 붙잡아 놔 놓고 묻고 따지고 하며, 원보의 집과 그의 친구의 집을 들들 뒤지며 의심스럽다는 사람을 모조리 붙들어 가는 판이다. 동넷개도 짖지 못할 만큼 무서움에 싸여 있다. 한참 동안에는 길에 사람조차 금하다가 저녁 나절이 되어서 정자나무 그늘에 몇 사람이 모여 황당한 얼굴로 서로 대하고 앉아 수선수선하며 지껄이고 있다. 그들의 말을 들을 것 같으면, 간밤에 건넛마을 김 참봉 집에 도적이 들어서 돈을 뺏으려다가 돈도 못 뺏고

사람만 상하고, 그 도적은 헌병에게 붙잡혀 가기만 하였다고 한다. 또는 헌병과 보조원이 와서 원보의 집을 뒤지고 간 것을 본다든지 원보와 그 친구 한 사람이 간밤에 나간 뒤에 다시 들어오지 아니한 것을 보면——그 밖에도 몇 사람이 붙들려 갔지마는——그 도적이 분명히 원보와 그의 친구 한 사람이라고도 한다.

그럴 즈음에 아침나절에 혐의자로 붙들려 갔던 머슴꾼의 떠꺼머리 총각 하나가 읍내로 통한 신작로로 헐레벌떡거리고 쫓아 올라오더니, 여러 사람 옆을 지나치며 외치는 말로,

"원보가 죽었어……."

"어, 어, 죽다니?"

"유치장에서 목매어 죽었어……."

하고는 골목을 달려들어간다.

조금 있다가 그 골목 안으로부터 비척비척하고 쓰러질 듯이 달려나오는 늙은 여편네는 원보의 어머니다. 갈팡질팡하고 정자나무 옆을 지나치며 미친 사람같이,

"이놈 봐라……! 이놈 봐라……! 죽다니? 네가 죽다니……. 원보야! ……이놈! 이 몹쓸 놈아! 네가 죽다니……!"

하고 숨이 콱콱 막힌 말조자로 울부짖으며 읍내로 가는 산모롱이 길, 해지는 편을 바라다보고 걸어나간다.

해는 뉘엿뉘엿 넘어간다.

"원보야!"

하고 쓰러졌다. 다시 일어났다. 또

"원보야!"

멀리서 들리는 소리다. 해는 아주 떨어졌다. 그의 그림자도 산모롱이 그늘 속으로 감추어지고 말았다.

이 해에도 늦은 가을이다. 어느 날 이른 아침에 이 마을에서도 가물
가물하게 멀리 보이는 들 건너 북망산 고갯길에는 이 마을에서 떠나가
는 한 떼의 무리가 있었다. 봇짐 지고, 어린아이 업고, 바가지 찬 젊은
이, 늙은이, 사내, 여편네, 적지않은 떼가 몰려간다. 그들은 서간도로
가는 이사꾼이다. 이 고갯마루턱을 다 넘을 때까지 그들은 서로서로 번
갈아 가며, 두 걸음에 한 번씩 아득히 보이는 자기네 살던 마을을 우두
커니 서서 바라다보고는 걷고 한다. 울어서 눈가가 부숙부숙한 여자도
있다. 그 가운데에는 원보의 어머니와 그의 어린 딸이 섞여 있음을 볼
수 있었다.

작품 알아보기
(단편 문학)

〈과도기〉는 농촌의 몰락과 공업 도시의 발흥에 필연적으로 뒤따르는 농민의 노동자화 과정을 그린 작품으로, 계급사상에 투철한 작품을 썼던 한설야의 특징이 잘 드러난 작품이다.

〈유전〉은 진흙탕과 다를 것이 없는 식민지의 현실 속에서 살아갈 수밖에 없는 지식인들의 삶의 애환과 그들 속에 끼어든 한 여인과의 관계를 희화화시켜 묘사한 작품이다. 〈강아지〉는 한 가정의 가장으로서, 그리고 한 여인의 남편과 아이들의 아버지로서 겪는 사소한 갈등을 그린 작품으로, 가난하지만 그래도 행복감을 느끼는 작가의 마음이 잘 표현되어 있다.

〈무자리〉에서 운봉은 경성제일고보를 가고자 하지만 서울 갔던 누나가 돌아오면서 그 꿈은 사라진다. 결국 광부가 되기로 결심하는 운봉을 통하여 작가는 그의 불행이 단순한 개인의 문제가 아닌 사회 보편적 문제임을 말한다.

〈남매〉는 순수함을 지키려는 인물과 성욕, 물욕에 빠진 인물들의 갈등을 어린 소년 봉근의 시각을 통하여 표출함으로써 타락한 현실에 대한 고발을 극대화한 작품이다.

〈저기압〉은 일제의 암울한 시대에 신문사 기자라는 직업을 가진 무기력한 지식인이 겪는 생활고와 권태에 빠진 자의식을 그리고 있다.

〈농촌 사람들〉은 일제 시대 농촌 사람들이 겪는 생활고와 일본인에게 붙어 소작인들을 착취하는 김 참봉, 그리고 그 안에서 철저하게 파괴되어 가는 원보의 비극적 삶을 그린 작품이다.

논술 길잡이
(단편 문학)

❶ 아래 그림은 〈과도기〉에 나오는 것이다. 어떤 장면인가를
떠올려 본 후 전후 줄거리를 간단히 써 보자.

....

....

....

....

....

논술 길잡이
(단편 문학)

❷ 〈남매〉에 나오는 소년 봉근은 어리지만 어른들의 세계를 이해하고 비판할 줄 아는 어른스러움을 지녔다. 이 글을 읽고 자신이 봉근의 입장에 놓여 있었다면 어떻게 했을까를 써 보자.

---

❸ 〈농촌 사람들〉의 주인공 원보가 망가진 인생을 살지 않기 위해서는 억울한 일을 당했을 당시 어떻게 행동했어야 했을 까를 생각해 보고 쓰라.
